彩圖

中國歷史文化紀年

許樹安　許祖貽 編著

彩圖

中國歷史文化紀年

商務印書館

彩圖中國歷史文化紀年

作　　者：許樹安　許祖貽
責任編輯：楊克惠
封面設計：張　毅
出　　版：商務印書館 (香港) 有限公司
　　　　　香港筲箕灣耀興道 3 號東滙廣場 8 樓
　　　　　http://www.commercialpress.com.hk
發　　行：香港聯合書刊物流有限公司
　　　　　香港新界大埔汀麗路 36 號中華商務印刷大廈 3 樓
印　　刷：美雅印刷製本有限公司
　　　　　九龍官塘榮業街 6 號海濱工業大廈 4 樓 A 室
版　　次：2013 年 4 月第 1 版第 1 次印刷
　　　　　© 2013 商務印書館 (香港) 有限公司
　　　　　ISBN 978 962 07 5553 8
　　　　　Printed in Hong Kong

序　言

　　生活在中華大地上的古代先民創造了輝煌的中華文明，20 世紀 80 年代對遠古四川巫山人頜骨、牙齒化石的考古發現，把中華大地上人類生存的時間上推到 200 萬年前。

　　悠久的中華文明，由多民族共同創造，極具包容性。有關中華文明的起源，過去認為，中華文明起源於黃河流域，黃河是中華民族的搖籃。然而，考古發掘的新成果使我們的視野更開闊。上世紀 80 年代初，內蒙古牛河梁紅山文化遺址羣的發現，充分證實 5500 多年前那裏曾經存在一個具有國家雛形的原始社會，把中國古代史的研究從黃河流域擴展到燕山以北的西遼河流域。紅山文化的發展顯示出它在某些方面要先進於同時期黃河流域的中原文化，引發了學者們對中華文明起源的多種思考和討論。同是上個世紀 80 年代以來，對四川廣漢三星堆巴蜀文化遺存的發掘表明，三星堆古蜀國文明應是長江上游地區與中原夏商同時期、甚至更早的一個文化中心，並與中原文化有一定的聯繫。在江西萬年仙人洞遺址，經過上個世紀 60~90 年代的多次發掘，發現了 1.7 萬年前的人骨化石以及精美的陶器、石器、骨器、蚌器等等。此外，還發現了 1.2 萬年前的野生稻植硅石和 1 萬年前的栽培稻植硅石，這是現今所知世界上年代最早的栽培稻遺存之一。此外如長江下游的良渚文化遺址、馬家浜文化遺址、河姆渡文化遺址等等，都證明了長江流域與黃河流域一樣同是中華民族的發祥地，長江流域地區存在過不亞於黃河流域地區的古文明。這一切充分地表明，中華文明的起源並非是以中原地區一處為中心，它是多中心的，這些古代文明共同孕育了中華民族的誕生和繁衍成長。

　　中華文化有自己的根，她源遠流長，綿延至今，從未中斷。民族文化遺產，尤其是非物質文化遺產是我們民族精神的體現，保證了中華文化延續與傳承。中華文明經歷了怎樣的發展演變，為後人留下了哪些寶貴的文化遺產？

我們應該怎樣對待自己的民族文化？我希望通過本書能把中華文化的發展脈絡主流勾勒出來，並且呈獻給讀者。

需要指出的是，面對浩繁的文化活動和文化成果，本書的編撰可謂掛一漏萬，記錄的只是其中一小部分。尤其是各少數民族的文化發展，受篇幅所限，本書反映的較少。但他們是中華文化的重要組成，又具有獨特的文化色彩，具有同樣豐富的歷史文化內涵，應該專門為他們梳理其文化發展的脈絡。

本書在編撰過程中，參閱了許多歷史文獻以及今人的著作成果，既有原始的歷史文獻資料，如《左傳》、《史記》等，也有今人的整理、研究成果，如《中國現代文學史簡編》（唐弢）、《中國文化史年表》（上海辭書出版社出版）等，對於本書的編撰都有很大幫助。為了更好再現歷史原貌、展示中國歷史考古成果，在文字基礎上，出版方香港商務印書館加入了大量珍貴的歷史圖片，圖文並茂，讓歷史更加立體地呈現出來。在此一併致謝！

由於學識等所限，不免會有該記述沒有記述以及認識不妥之處，敬請讀者批評指正。

許樹安

2013 年 3 月

凡　例

1. 本年表共收約 2000 條目，從約 200 萬年前石器時代到 1949 年中華人民共和國成立，簡要介紹各個歷史時期的基本文化史實，勾勒出中華文化發展的主要脈絡。

2. 本年表以年代為序，歷史分期按照朝代或歷史時期的先後順序劃分：

原始氏族社會	舊石器時代	約 200 萬年前 — 1 萬年前
	新石器時代	約 1 萬年前 — 前 4 千年
夏		公元前 2070 年—前 1600 年
商		公元前 1600 年—前 1046 年
西周		公元前 1046 年—前 771 年
東周・春秋戰國	春秋時期	公元前 770 年—前 403 年
	戰國時期	公元前 403 年—前 221 年
秦		公元前 221 年—前 206 年
漢	西漢	公元前 206 年—公元 8 年
	新	8 年 — 25 年
	東漢	25 年 — 220 年
三國時期		220 年 — 280 年
晉	西晉	265 年 — 316 年
	南方的東晉和北方的十六國	317 年 — 439 年
南北朝時期		420 年 — 589 年
隋		581 年 — 618 年
唐		618 年 — 907 年
五代十國		907 年 — 960 年
遼夏金元		916 年 — 1368 年
宋	北宋	960 年 — 1126 年
	南宋	1127 年 — 1279 年
明		1368 年 — 1644 年
清		1636 年 — 1911 年
民國時期		1912 年 — 1949 年

公元前
2000

1500

1000

500

0

500

1000

1500

公元
2000

3. 在年表分期介紹前，附完整的中國各朝代概述，簡短介紹各個朝代及文化概況。

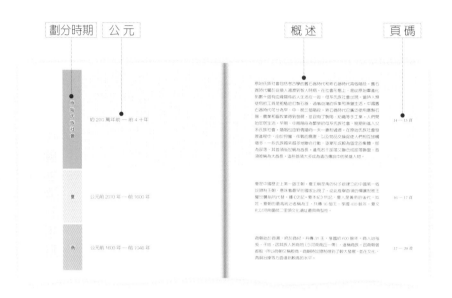

4. 對不同的歷史文化內容，分門別類。並用不同的圖標予以醒目提示，既美化版面，又便於讀者檢索。分類及代表圖如下：

典　一般文化史實

人　歷史人物

文　語言 / 文字 / 文學

科　天文 / 曆法 / 數學 / 水利

藝　音樂 / 舞蹈 / 戲劇 / 書法 / 繪畫

宗　宗教

醫　醫學

　　建築 / 雕刻

教　教育

5. 圖文結合。書中配有與歷代歷史文化有關的各種重要文物或考古遺址，作為插圖。

6. 年表中各內容要素，圖示如下：

公元紀年

朝代（歷史時期）

王朝 年號 年數

內容

插圖

三國時期 220 — 280

生產效率數倍。又發明用於攻城的輪轉式發石機及指南車、水轉百戲等。時人稱為"天下之名巧"。*翻車汲水圖*

237 魏 景初元　魏頒行由楊偉所修《景初曆》，一直沿用至南朝宋時。提出了推算日食食分和虧起方位的方法。

238 魏 景初2　倭（今日本）女王卑彌呼遣使來魏、互贈禮物。魏封卑彌呼為"親魏倭王"。以後又互遣使臣往來。

241 魏 正始2　魏以古文、小篆、漢隸三種字體刊刻石經，稱三體石經，亦稱正始石經。似只刻了《尚書》、《春秋》及部分《左傳》。碑原立於洛陽太學西側，已毀。

起迄年代

分類圖標

中國各朝代概述

原始氏族社會	約 200 萬年前 — 前 4 千年
夏	公元前 2070 年 — 前 1600 年
商	公元前 1600 年 — 前 1046 年
西周	公元前 1046 年 — 前 771 年

原始氏族社會包括考古學的舊石器時代和新石器時代兩個階段。舊石器時代屬於從猿人過渡到智人時期。在社會形態上，是從原始羣進化到數十個有血緣關係的人生活在一起，母系氏族社會出現。當時人類使用的工具是粗糙的打製石器，過着遊蕩的採集和漁獵生活。中國舊石器時代可分為早、中、晚三個階段。新石器時代已廣泛使用磨製石器，農業和畜牧業得到發展，並且有了製陶、紡織等手工業。人們開始定居生活。早期、中期階段為繁榮的母系氏族社會，晚期則進入父系氏族社會。婚姻也由對偶婚向一夫一妻制過渡。在原始氏族社會發展進程中，由於狩獵、作戰的需要，以及物品交換促使人們相互接觸增多，一些氏族越來越多地聯合行動，逐漸形成較為固定的集體，即為部落，其首領後世稱為酋長。進而若干部落又聯合成部落聯盟，首領被稱為大酋長。這些首領大多成為遠古傳說中的英雄人物。

14 — 15 頁

夏是中國歷史上第一個王朝。夏王朝是禹的兒子啟建立的中國第一個奴隸制王朝，意味着最早的國家出現了。從此推舉首領的禪讓制被王權世襲制所代替。據《史記・夏本紀》所記，夏人是黃帝的後代，姒姓。夏朝的最高統治者稱為王，共傳 16 個王，享國 400 餘年。夏文化以河南偃師二里頭文化遺址最具典型性。

16 — 17 頁

商朝始於商湯，終於商紂，共傳 31 王，享國約 600 餘年。商人始祖契，子姓，因其族人居商地（今河南商丘一帶），遂稱商族。因商朝曾都殷，所以商朝又稱殷商。商朝時奴隸制得到了較大發展，並在文化，青銅冶煉等方面達到較高的水平。

17 — 20 頁

周人為黃帝族後裔，姬姓，居於關中平原東部，後來成為商朝西邊的一個方國。武王滅商後，建立了發達的奴隸制國家，國號為周，因其前一階段定都在鎬（今陝西西安以西），後世稱為西周。西周共 12 個王，享國 270 餘年。

20 — 23 頁

東周・春秋戰國　公元前 770 年 — 前 221 年

秦　公元前 221 年 — 前 206 年

漢　公元前 206 年 — 220 年

周平王向東遷徙國都至洛邑（今河南洛陽），史稱東周，公元前 256 年被秦所滅。共傳 18 個王，享國 514 年。

這時期王室衰微，大國爭霸。史學界習慣把這時期劃分為"春秋"和"戰國"前後兩個時期，時間也從東周滅亡向後延長 30 餘年。通常依照司馬光《資治通鑒》，可以把公元前 403 年"三家分晉"作為"春秋"與"戰國"的分界。

23 — 34 頁

春秋戰國時期，大國吞併小國，戰爭不斷；社會動盪中各種學術思想十分活躍，民本思想得到宣揚，出現百家爭鳴的繁榮景象。各諸侯國之間的交往和戰爭，促進了各民族文化的交流與融合。

公元前 221 年秦王嬴政統一六國，建立了中國第一個統一的多民族國家。他創立皇帝制度，自稱始皇帝，為中國歷代帝王"皇帝"稱號之始。秦朝廢除分封，改行中央集權，建立起相應的郡縣制、官吏制度和法律制度，開創了中國兩千年皇帝體制的統治模式。

35 — 36 頁

秦朝建立起皇帝至高無上的權威，逐漸演變秦始皇的專斷孤行和獨裁暴政，導致秦朝很快被推翻。秦朝共傳二帝，享國 15 年。

秦朝滅亡後，經過四年的楚漢戰爭（公元前 206 —前 202 年），劉邦於公元前 202 年稱帝，定國號為"漢"，都長安（今陝西西安），史稱西漢。西漢前期奉行"無為而治"政策，經濟得到恢復和發展，出現"文景之治"的局面。中期，漢武帝時"獨尊儒術"，對內加強中央集權，對外擊退匈奴對北邊的侵擾，打通絲綢之路。公元 8 年，王莽篡位建立了短暫的新朝，西漢滅亡。西漢共傳 11 帝，享國 210 年。王莽末年，社會動盪，西漢皇族劉秀於 25 年在洛陽稱帝，國號仍稱漢，史稱東漢。共傳 13 帝，享國 195 年。

36 — 55 頁

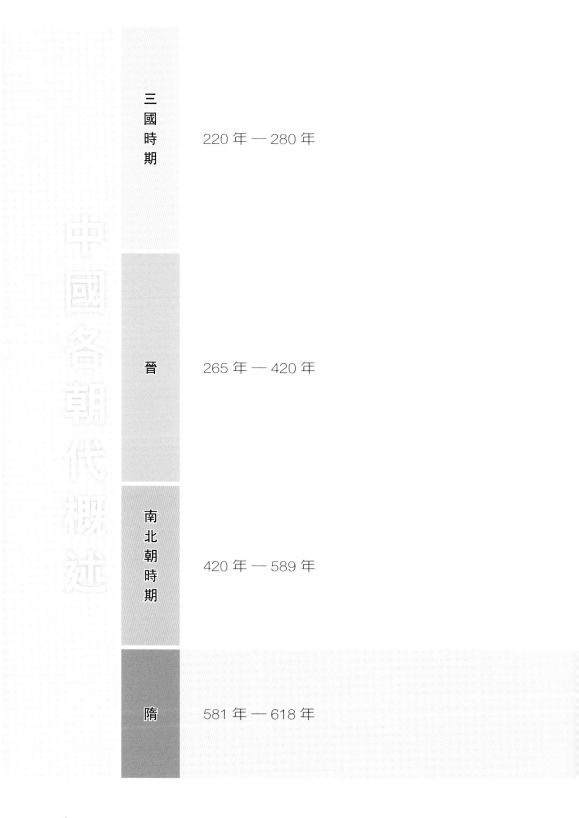

三國時期　　220 年 — 280 年

晉　　265 年 — 420 年

南北朝時期　　420 年 — 589 年

隋　　581 年 — 618 年

中國各朝代概述

魏、蜀、吳三分天下、鼎足而立的歷史時期。220 年，曹丕代漢稱帝，建魏朝，定都洛陽。共傳 5 帝，享國 45 年，265 年被晉所滅。

221 年，劉備在蜀地稱帝，國號漢，俗稱蜀漢或蜀，定都成都（今四川成都）。共傳 2 帝，享國 42 年，263 年被魏所滅。

56 — 59 頁

222 年，孫權在江南稱帝，國號吳，定都建業（今江蘇南京）共傳 4 帝，享國 58 年，280 年被晉所滅。

三國時代雖然分裂割據，但人才輩出，是古代文化發展的一個高峰。

265 年，司馬炎逼魏帝曹奐讓位，遂登帝位，改國號晉，都洛陽，史稱西晉。共傳 4 帝，享國 51 年。中國恢復短暫的統一。316 年西晉被滅，晉室南遷，在江南重建晉朝，都建康（今江蘇南京），史稱東晉。420 年被滅，共傳 11 帝，享國 104 年。與東晉同時，在北方由匈奴、鮮卑、羯、氐、羌 5 個少數民族先後建立了 16 個王朝，史稱十六國時期。這是古代又一次民族大融合，促進了多元一體的中華文化進一步發展。各民族文化的融匯以及與印度佛學的融合，促成中華文化形成儒、釋（佛）、道（道家與道教）三家合流的發展趨勢。439 年北魏統一北方，十六國時期結束。

58 — 64 頁

420 年，劉裕滅東晉，即帝位，國號宋。自此在江南依次建立了宋、齊、梁、陳四個王朝，皆定都於建康（今江蘇南京），史稱南朝。

439 年北魏統一北方後，於 534 年分裂為東魏和西魏，後來北齊代東魏，北周代西魏，北周又滅北齊。史稱北朝。至 581 年，北周被隋所代。這一時期歷史上稱為南北朝。589 年，南朝的陳被隋所滅。

64 — 71 頁

581 年，北周貴族楊堅滅周稱帝，國號隋，定都大興（今陝西西安）。589 年滅南朝的陳，統一中國。隋朝共傳 2 帝，享國 37 年。隋煬帝時開鑿成大運河，是世界上最長的人工運河，促進了中國南北方經濟、文化的交流與發展。

70 — 72 頁

唐	618 年 — 907 年
五代十國	907 年 — 960 年
宋	960 年 — 1279 年
遼夏金元	916 年 — 1368 年

618 年李淵稱帝，國號唐，定都長安。共 21 帝，享國 289 年。唐朝是中國古代政治、經濟、文化發展最為輝煌的時期。先後出現了"貞觀之治"和"開元盛世"，也造就了中國歷史上唯一的女皇帝。其中葉爆發了安史之亂，國力隨之衰落，陷入藩鎮割據、朋黨相爭和宦官專權的困境之中，但在世界上仍不失為一個強大的帝國。唐朝的詩歌取得了巨大成就，成為中國文學史上的一座高峰。

唐朝末年爆發黃巢起義。節度使梁王朱溫於 907 年滅唐稱帝，建立後梁。以後北方依次建立後唐、後晉、後漢、後周，共 5 個王朝，8 姓，14 個皇帝，定都或開封、或洛陽，歷經 53 年。南方先後交錯建立 10 個王朝。史稱五代十國時期。960 年，北宋建立，統一大部分地區。979 年北宋滅北漢，南方十國時期完全結束。這段分裂戰亂的時期，也是一次民族大融合，在諸王朝中，有少數民族稱帝主政的。

960 年，趙匡胤以兵變代後周稱帝，國號宋，定都開封，史稱北宋。其疆域：北與遼接界，東、南達海，西北以陝西橫山、甘肅東部、青海湟水流域與西夏、吐蕃為界，西南以岷山、大渡河與吐蕃、大理接界。1126 年金兵攻入開封，北宋亡。共傳 9 帝，享國 167 年。

1127 年，趙構在南京（今河南商丘）稱帝，後建都臨安（今浙江杭州），史稱南宋。其疆域：北依淮河、秦嶺與金接界，東南、西南界同北宋。1279 年被元所滅。共傳 9 帝，享國 153 年。

遼夏金元均是北方遊牧民族建立的政權。與北宋、南宋長期並存。

遼是契丹貴族在北方建立的王朝，先是國號契丹，947 年改國號為遼。定都於皇都，後改稱上京。其疆域：東北至今日本海黑龍江口，西北至今內蒙古以北，南到山西雁門關、河北霸縣一線與宋接界。1125 年被金所滅，共傳 9 帝，享國 210 年。

1038 年，党項貴族在西北建立王朝，國號大夏，定都興慶（今寧夏銀川東南），史稱西夏。其疆域包括今寧夏、陝西、甘肅西北部、青海東北部和內蒙古部分地區，與遼、金先後同北宋相對峙。1227 年被蒙古所滅。共傳 10 帝，享國 190 年。

遼夏金元	916 年 — 1368 年
明	1368 年 — 1644 年
清	1636 年 — 1911 年
民國時期	1912 年 — 1949 年

1115 年，女真貴族建立王朝，國號金，定都會寧（今黑龍江阿城南）。
1125 年滅遼，次年滅北宋。先後遷都中都（今北京）、開封等地。其
疆域最大時，統轄中國北方，以淮河、秦嶺與南宋接界。1234 年，被
蒙古和南宋聯合進攻所滅。共傳 9 帝，享國 120 年。

1206 年蒙古族領袖成吉思汗建立蒙古汗國後，其勢力伸張到黃河流域，
陸續消滅西夏、金、南宋等。1271 年，成吉思汗之孫忽必烈稱帝，建
立元朝，定都大都。元朝推行民族歧視政策。末年爆發農民大起義，被
朱元璋所推翻。自忽必烈定國號起，共傳 11 帝，享國 98 年。在城市經
濟發達的社會背景下，元朝雜劇創作和表演成就突出。

朱元璋推翻元朝統治，1368 年稱帝，國號明，定都應天（今江蘇南
京）。1421 年明成祖遷都北京。明朝前期，鄭和七次下西洋，顯示了
明王朝國力的強大和航海等技術的先進。後期，西洋耶穌會士的湧入，
開始了西學與中國傳統文化的新碰撞和交流。1644 年，李自成攻入北
京，明朝滅亡。共傳 16 帝，享國 277 年。

1616 年，女真族首領努爾哈赤在赫圖阿拉（今遼寧新賓）舉事稱汗，
國號金，年號天命。史稱後金。後遷都遼陽，再遷瀋陽。1636 年，皇
太極改國號為清，改女真族為滿族。

清朝是中國最後一個帝制王朝。1644 年（順治元年），清朝入關，定
都北京，逐步統一全國。前期出現有康乾盛世。嘉慶開始，各種社會
矛盾日益顯露出來並且不斷激化，外國列強也步步緊逼。隨著 1840
年中國在鴉片戰爭中的失敗，中國被迫簽訂一系列喪權辱國的不平等
條約。清朝的統治搖搖欲墜。道光時的今文經學者提倡改革和同治光
緒時的洋務運動、戊戌變法，都未能實現富國強兵的目的。宣統三年
（1911 年）爆發的辛亥革命推翻了清朝的統治。從皇太極建立清朝算
起，共傳 11 帝，享國 276 年。

辛亥革命後，中華民國成立，後袁世凱試圖復辟帝制失敗，中國陷入軍
閥混戰。1919 年"五四"新文化運動，以民主及科學為號召，影響甚大。
國民黨北伐統一全國，主持國民政府；共產黨亦發展勢力，建立根據地。
20 世紀 30 年代，面對日本帝國主義的步步侵略，中國文化界以各種形
式抵抗侵略、維護民族獨立，直至 1945 年日本投降。

舊石器時代 約200萬年前—一萬年前	約200萬年前	重慶巫山龍骨坡、安徽繁昌人字洞等處發現了距今200萬年的具有人為加工痕跡的石製品以及巫山人的牙齒、頜骨化石，是中國迄今所見最早的人類活動遺跡。依據巫山人遺址的發現，引發了古人類學界關於人類起源地點的爭論：中國科學院古人類學家黃萬波等提出亞洲也是人類發源地之一的新觀點。
	約170萬年前	生活在雲南元謀一帶的元謀人是世界上最早的古人類之一，進入直立人階段，已使用有明顯打製痕跡的石器。
	約80萬年前	陝西藍田出現亞洲北部最早的直立人藍田人，主要工具是打製的石片和砍砸器。
	約70萬—20萬年前	北京人生活在北京周口店一帶，石器製作技術明顯進步。當時不僅已會用火，還能控制火使其長期不滅。
	約20萬—8萬年前	陝西東部、山西南部、河南西部一帶生活有丁村人、許家窯人，進入早期智人階段，婚姻已由族內雜婚向族內血緣婚演進。
	約18000年前	進入晚期智人階段，北京山頂洞人開始氏族公社的生活，喪葬觀念、審美觀念、原始宗教信仰已經形成。
新石器時代 約一萬年前—前4000年	8000年前	20世紀80年代開始，在內蒙古敖漢旗興隆窪發掘已知最早的母系氏族原始村落，被譽為"華夏第一村"。房屋遺址整齊排列，有豐富的石器、玉器、骨器、陶器等器物，村外有壕溝等等，展現出繁榮發達的母系氏族社會。
	6000年前	華北、長江中游和華南等地的人類開始定居生活，從事農業生產，飼養家畜，製陶技術出現。
	6000—5000年前	內蒙古自治區東南部和遼寧省西部廣闊地域內的紅山文化。80年代初，在牛河梁紅山文化遺址羣發現有女神廟，祭壇，積石大塚羣等，證實5500多年前那裏曾初具國家雛形。社會發展先進於同時期黃河流域的中原文化。
		黃河流域裴李崗文化、仰韶文化、馬家窯文化、大汶口文化和長江流域良渚文化陶器上的記事符號，被認為是原始文字的雛形。
	5000—4000年前	母系氏族繁榮階段長江河姆渡文化稻作農業發達。多種適應水田耕作的骨製農具富有特色。出現最早的木構建築和供舟船使用的木槳。
		黃河中游的仰韶文化、黃河下游的大汶口文化和長江中游的大溪文化構成三足鼎立的格局。仰韶文化文明程度最高，彩陶是其顯著文化特徵。
	前4000年	母系氏族向父系氏族過渡。
		長江流域良渚文化農業高度發達。山東章丘龍山文化是父系氏族社會的典型。
		黃河流域和長江流域先後進入酋邦式古國時代。其首領後世稱為酋長，三皇五帝便是遠古傳說中的英雄人物。

原始工具——石器

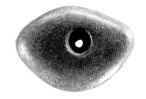

穿孔石耳墜

仰韶文化的魚紋彩陶盆

北京猿人頭像復原模型

碳化稻穀

紅山文化的女神頭像

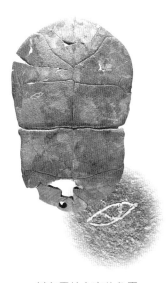

刻有原始文字的龜甲

- 啟建立夏王朝，中國從原始氏族社會進入王權世襲社會。
- 啟子太康被東夷有窮氏的首領后羿推翻。傳說后羿善射箭，曾經有 10 個太陽同時出現，炎熱無比，后羿射掉 9 個，保留 1 個至今。

后羿射日圖

- 太康的姪孫少康在有虞氏協助下恢復夏王朝統治，史稱少康中興。
- 相傳少康之子帝予 (杼、佇) 發明了堅固的鎧甲以對付善射的東夷。
- 帝槐 (芬) 時，建造了圓形的高大圍牆作為監獄，稱為 “圜土”。
- 《左傳》載夏朝已有刑法，“夏有亂政，而作禹刑”。
- 《竹書紀年》載，帝發七年時，“泰山震”。這是世界上關於地震的最早記錄。
- 《竹書紀年》載，夏王通過多次征伐東夷，迫使 “諸夷賓於王門，獻其樂舞。”
- 《尚書》、《左傳》等記載夏朝已有奴隸主與奴隸。
- 《孟子》記載夏朝有學校，稱為校、序、庠等。
- 《竹書紀年》載夏朝 “頒夏時於邦國”，說明已有天文曆法。
- 《夏書》記載了夏朝的一次日食。這也是世界上關於日食的最早記錄。
- 《世本‧作篇》載古有 “儀狄作酒” 之說，儀狄為禹之臣，改進釀酒工藝。
- 《世本‧作篇》載夏朝有主管製造車輛的官職，稱車正。據說奚仲即任此職，故有 “奚仲作車” 之說。

夏禹像

1959 年在河南偃師二里頭夏文化遺址發現了兩座以中軸線為基準，由堂、廡、庭、門等組成的大型宮殿基址，是迄今所知中國最早的宮殿建築遺存，可見中國古代宮廷建築形制在這時已經初具規模。此外還發現有冶銅、製陶、製骨、

琢玉等作坊遺址。一般認為河南偃師二里頭屬於夏朝晚期的都城。在河南登封的告成鎮發掘了一座夏代的城堡遺址，有學者認為這就是夏朝早期的都城"陽城"。

從夏墟中發掘出的陶器上，已見到二十多種刻畫符號，當屬原始文字範疇。

銅爵

夏人已掌握冶銅技術，反映了當時生產力的水平。《左傳》宣公三年記載夏朝鑄造九鼎之事。在夏墟發掘出的冶銅遺址及青銅生產工具、禮器和武器，對此更得到證實。

帝桀（履癸）被商湯推翻王位，夏朝滅亡。

前21世紀—前17世紀 商人始祖契，子姓，傳說為簡狄吞玄鳥（燕子）卵所生。舜任契為司徒，掌教化，曾助禹治水患。

相傳契之孫相土發明馬車。這時商族勢力已達東海之濱，在經濟、文化等方面與沿海各族有了密切聯繫。

契之五世孫冥為夏朝水官，負責農田水利，最終死於治水工程。

冥之子王亥（該、胲）發明牛車。傳說他趕着牛羣到外族去進行貿易。又，此時已用天干為名號。

從契始，傳 14 世至成湯，正好同禹傳至夏桀的時代相當。

前16世紀—前15世紀 商湯（成湯、唐、天乙、大乙）率領軍隊討伐夏桀，推翻夏桀的統治，建立商王朝。《尚書‧湯誓》即是一篇誓師動員令。

史載湯建國都於亳。關於亳的位置，有學者認為，河南偃師先商文化遺存即是湯滅夏後所建最早的都城城邑，並把它作為劃分夏商文化的界標。但也有學者認為，已發掘的河南鄭州商城、鄭州小雙橋遺址亦屬商代早期都城所在地。

相傳湯時遇大旱，湯於桑林禱祝，天果降雨，於是人們舞《大濩》《桑林》、歌《晨露》。

前14世紀 商朝中期，第 20 位商王盤庚把國都從奄（今山東曲阜）遷至殷（今河南安陽）。從此至商亡未再遷都。《尚書‧盤庚》記錄了盤庚遷殷前後對臣民的三次講話。

獸面紋青銅
建築構件

前 13 世紀

約在此時期，商朝人已利用石鐵鍛造成兵器的鐵刃。1973 年於河北藁城縣商墓中即發現有隕鐵刃銅鉞。

第 23 位商王武丁的統治，把商朝後期的國力推向鼎盛時代。他破格重用版築奴隸傅說為相，使國勢大增，史稱 "武丁中興"。《詩經·商頌》中的《殷武》、《玄鳥》即是盛讚其功業的篇章。婦好為武丁配偶之一。

婦好墓出土銅鏡

前 12 世紀

商王文丁為其母鑄造 "司 (或釋為后) 母戊" 方鼎，高 133 厘米，重 875 公斤，形制厚重。1939 年在河南安陽出土，是現今所見最大的青銅鼎。

司母戊方鼎

前 1046 年

最後一位商王紂 (受、帝辛) 被周武王的討伐所殺，商滅。《詩經·大雅·蕩》即是揭露紂王無道的詩篇。

商朝貴族子弟都可以到學校接受教育，並且商朝周圍的方國也派遣子弟到殷來學習。除了一般學校外，商朝還有教授音樂的專門學校，叫作 "瞽宗"。

商朝通行甲骨文字，這是一種刻寫在龜甲、獸骨上的文字，故稱甲骨文。是一種形、音、義相結合的成熟文字，為中國漢字的發展奠定了基礎。

商朝刻在獸骨上的
甲骨文

商代數學已用十進位法進行運算。甲骨文中的數字，最小為"一"，最大為"三萬"。

甲骨卜辭反映了商人的神道觀念以及對帝和祖先的崇拜。

商朝人已用陰陽合曆，並有閏月。當時採用六十干支法紀日；以十日為一旬，三旬為一個月。

在甲骨卜辭中，已有商人對日食、月食的多次觀察記載以及對日常陰晴風雨等氣候的推測和記錄。

甲骨卜辭中的疾病記錄多達 16 種，已與現代醫學的分科相近。某些疾病有更細的分類，如口腔疾病便有疾舌、疾齒、齲齒、疾言（喉病）等區分。特別是對齲齒的記載，比古埃及、古印度還要早近千年。在河北藁城商墓中，還發現了用於施行手術的工具砭石以及中草藥。

卜辭中記載了商代的一些舞蹈，如《隸舞》、《羽舞》等。考古發掘也多次發現商朝的樂器，如銅鐃、石磬等，都顯示了商朝舞蹈、音樂的藝術水平。

商朝貨幣以海貝和玉為主。貝的流通大都以"朋"為計算單位，即以五貝穿成一串，兩串為一朋。

商朝海貝

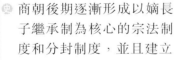

商朝後期逐漸形成以嫡長子繼承制為核心的宗法制度和分封制度，並且建立了一套分為"內服"、"外服"的官僚制度。

《呂氏春秋》載商朝的"湯刑"比夏朝的"禹刑"更加繁多而殘酷，有"醢刑"、"烹刑"等。有"刑三百"之說。

甲骨卜辭中有"三師"的記載，大約是軍隊的基本組織形式。兵種分為步卒和車兵。已廣泛使用青銅兵器。

考古發掘證實，商朝普遍存在人殉、人祭，大量奴隸和俘虜被殘殺。

<table>
<tr>
<td>商
公元前 1600 — 前 1046</td>
<td>距今 5 千年 — 3 千年</td>
<td>四川廣漢三星堆古蜀文明的發現。三星堆文化延續 2 千年左右。從考古地層學和類型學上可分為四期：一期屬先蜀文化時期，距今約 4800 — 4000 年，大致相當於新石器時代 晚期；二期是典型的早期蜀文化的形成時期，距今約 4000 — 3400 年，大致相當於夏代至商代前期；三是早蜀文化的繁榮期，距今約 3400 — 3100 年，大致相當於商代後期；四期是早蜀文化由盛轉衰的時期，距今 3100 — 2800 年，大約相當於商末周初。三星堆遺址及其出土文物，具有全方位認識古蜀社會及探索上古社會概貌的重要學術價值。三星堆遺址證明，它應是中國夏商時期、甚至更早的一個重要的文化中心，並與中原文化有着一定的聯繫。</td>
</tr>
</table>

四川廣漢三星堆古蜀文明的發現。三星堆文化延續 2 千年左右。從考古地層學和類型學上可分為四期：一期屬先蜀文化時期，距今約 4800 — 4000 年，大致相當於新石器時代 晚期；二期是典型的早期蜀文化的形成時期，距今約 4000 — 3400 年，大致相當於夏代至商代前期；三是早蜀文化的繁榮期，距今約 3400 — 3100 年，大致相當於商代後期；四期是早蜀文化由盛轉衰的時期，距今 3100 — 2800 年，大約相當於商末周初。三星堆遺址及其出土文物，具有全方位認識古蜀社會及探索上古社會概貌的重要學術價值。三星堆遺址證明，它應是中國夏商時期、甚至更早的一個重要的文化中心，並與中原文化有着一定的聯繫。

三星堆出土貼金銅人頭像

前 16 世紀—前 13 世紀

傳說黃帝曾孫帝嚳的妃子姜嫄因踏巨人之足而孕生棄（后稷）。棄因善於種植糧食作物，曾在堯舜時做農官，教民耕種。此後周人進入父系氏族社會，並奉棄為始祖。《詩經‧大雅‧生民》即讚美其功業。

棄之後經二世，公劉遷周人至豳地（今陝西邠縣、栒邑縣之間），開始建立國家政權。此後周人發展為商朝西方的一個重要侯國。《詩經‧大雅‧公劉》即歌頌公劉之功績。

前 12 世紀

古公亶父迫於戎狄侵擾，率領周人由豳東遷至岐山之下的周原（今陝西岐山北），為周人崛起奠定基礎，周人追尊他為"太王"。《詩經‧大雅‧綿》、《詩經‧魯頌‧宮》皆盛讚其功業。

周原出土的甲骨

根據 1976 年考古發掘，周原已有城郭、宮殿等建築，並有陶管套接而成的地下排水管道，牆壁用石灰混以泥沙塗抹，反映出周人已有較高的建築技術。遺址中還出土了大量

西周　公元前 1046 — 前 771

卜甲、卜骨，有近二百片上有刻辭，史家稱為周原甲骨，是研究先周社會文化的重要資料。

周原出土的陶下水管

古公亶父之孫姬昌（周文王）遷都豐邑（今陝西西安灃水西），招賢納士，有呂尚（姜太公）等輔佐，勢力益增。

相傳文王曾被商紂王囚於羑里遂推演八卦為六十四卦。

前11世紀　周文王之子、武王發即位，與商爭雄。武王曾在孟津（今河南孟津東北）閱兵，以文王木主為號召，與八百諸侯會盟。木主即木製偶像或木牌，上書死者姓名，以供祭祀。後世奉死者之神主牌位或始於此。

前1046　周 武王 11　武王率諸侯伐紂，戰於商都朝歌（今河南淇縣）之郊牧野，紂王兵敗自焚，商亡。武王都鎬，與豐同為都城。周青銅器利簋銘文載"武征商，唯甲子朝"，言明伐紂在甲子日。

利簋

前1046　周 武王 11　大豐簋銘文載武王滅商後為文王舉行"大豐"祭祀。

前1046　周 武王 11　董鼎銘文載武王滅商後封召公奭於燕，為周初之封建諸侯制度之始。

前1046　周 武王 11　後世考古發掘，在豐鎬遺址發現多處房屋、窖穴、墓葬、車馬坑、水井、手工作坊等遺跡，並有大量陶器、青銅器、瓦片等出土。

前1046　周 武王 11　武王滅商後，追尊古公亶父為太王，姬昌為文王。又以昭、穆確定宗廟、墓葬次序：始祖居中，以下各代則依左昭右穆決定位置，是昭穆之制由此始。

前1046　周 武王 11　相傳武王伐紂時，前歌後舞，並令人學習巴蜀歌舞，至漢代演化為"巴渝舞"，體現了中原地區與四方的文化交流。

前1046　周 武王 11　相傳武王伐紂後，命周公作舞。有《大武》舞六段，配相應之歌六章，即《詩經・周頌》中之《我將》、《武》、《賚》、《般》、

《酌》、《桓》六篇（或説以《昊天有成命》代《我將》）。孔子評論
此舞：「盡美矣，未盡善也。」（《論語・八佾》）

| 前1042 | 周 成王元 | 帝 | 周成王名誦，武王子，即位時年幼，由周公旦攝政。 |

前1042　周 成王元　文　周公攝政六年，交趾（泛指五嶺南）有越裳國以三象胥重譯而獻
白雉。據《禮記・王制》記載，周代稱來自南方的翻譯人員為象
胥。重譯是指幾種語言轉相翻譯。這是關於語言翻譯的較早記錄。

前1042　周 成王元　成王營建洛邑（今河南洛陽），
分為二城，西為王城，東為成
周。歷史文化名城洛陽即始建
於此時。何尊銘文記載了成周建
成時，成王頒佈之誥辭。

何尊及銘文

西 周

公元前 1046 — 前 771

前841　共和元　帝　西周「國人」暴動，周
厲王逃奔於彘（今山西
霍縣），由共伯和攝行
國政，共 14 年，史稱
「共和行政」（一説是由
周公、召公共同攝政，
故稱共和）。過去中國
歷史有確切紀年的開
始。㝬簋是周厲王為
祭祀先王而作的禮儀重器。

㝬簋及銘文

前828　共和 14　帝　周厲王死於彘，太子靜即位，是為周宣王，「共和行政」結束。
宣王時，「內修政事，外攘夷狄，復文武之境土」，史稱「宣王
中興」。

前771　周 幽王 11　帝　申侯殺周幽王，立平王而遷都，西周結束。

宗　周之制度，天子建七廟：三昭、三穆及太祖之廟。春祭曰祠，夏
祭曰礿，秋祭曰嘗，冬祭曰烝。天子在郊外祭天地稱郊祭。諸侯
皆祭社稷。社為土地神，稷為五穀神。

西周 公元前1046——前771

東周·春秋戰國 公元前770——前221

西周樂舞名目很多,最重要的為"六代舞",用於不同的祭祀典禮場合:《雲門》祀天神,《咸池》祀地祇,《大韶》祀四望,《大夏》祭山川,《大濩》祭始祖,《大武》祭先祖。又有"六小舞"以及來自四方少數民族的"四裔樂舞"等,總稱"萬舞"。

青銅樂舞人

周天子所設學校稱辟雍,諸侯學校稱泮宮。學校以六德(智、仁、聖、義、中、和)、六行(孝、友、睦、姻、任、恤)和六藝(禮、樂、射、御、書、數)為教育內容。

西周的天文曆法較商朝更發達,有專職官員負責觀察、記錄天象變化。河南登封的測景台相傳是周公觀測天象之所,可測黃、赤兩道交角,是世界上最古老的天文台遺跡之一。

《詩經·小雅·十月之交》云:"十月之交,朔日辛卯,日有食之。"這是最早的以明確日期(十月初一)記載日食。

西周宣揚"天命靡常"、"以德配天"、"敬天保民",對後世中華民族輕鬼神、重道德以及尊崇祖先的思想觀念深具影響。

| 前770 | 周 平王元 | 周平王遷都洛邑(今河南洛陽一帶),東周自此開始。 |

前766 秦 襄公12 秦襄公死。唐朝初年發現了10塊石鼓,學者認為是秦襄公時遺物(亦有認為係秦文公、穆公、獻公等時製作)。10塊鼓形石上各刻四言詩一首,內容為歌誦秦國君遊獵活動,故又稱"獵碣"。字體屬大篆(籀文)。

石鼓文大篆字體

前722 魯 隱公元 中國最早的編年體史書《春秋》自本年開始記事。

前720 魯 隱公3 《春秋》載本年"王二月己巳(2月22日),日有食之。"這是世界上對日食有確切日期的較早記錄。

前706 楚 武王35 《左傳》載楚武王伐隨(姬姓國,在今湖北隨縣)。隨季梁告誡隨侯：“夫民，神之主也。是以聖王先成民而後致力於神。”強調先有“民和”，才能享受神所降之福。這是對西周“敬天保民”思想的進一步發展，成為春秋時期民本思想之始。

| 前687 | 魯 莊公7 | 科 | 《春秋》載本年3月16日“夜中，星隕如雨。”據科學推算，這是世界上對天琴星座流星雨的最早記錄。 |

| 前685 | 齊 桓公元 | 科 | 齊桓公即位。此時已流行乘法口訣“九九歌”，並通行籌算（以竹木小棒為計算工具）。籌算遵循十進位制運算，對中國數學的發展具有重要作用。 |

| 前662 | 魯 莊公32 | 宗 | 《左傳》載，有“神”降於莘。虢公求神賜田，史嚚譏之曰：“國將興，聽於民；將亡，聽於神。”強調民眾對國家興亡起着重要作用。 |

| 前656 | 晉 獻公21 | 文 | 驪姬用優施之計殺死太子申生。優是宮廷內善為戲謔表演的藝人。 |

| 前651 | 齊 桓公35 | 宗 | 桓公欲封禪（古代登泰山祭天曰封，在泰山附近之梁父山祭地曰禪），管仲諫而止之。此為有關封禪的最早文字記錄。 |

| 前645 | 齊 桓公41 | 人 | 齊國政治家、思想家管仲卒。管仲輔佐齊桓公成為春秋時期的第一霸主。 |

| 前639 | 魯 僖公21 | 宗 | 《左傳》載，魯大旱，魯僖公欲舉行祭祀以求雨。臧文仲指出，應通過修人事以備旱。再次反映了當時提倡的重人事、輕鬼神的思想觀念。 |

| 前637 | 魯 僖公23 | 科 | 《左傳》本年曰：“男女同姓，其生不蕃”，表明當時人已掌握近親結婚不利後代生育的經驗，並用文字記錄下優生觀念。 |

| 前636 | 晉 文公元 | 人 | 晉文公重耳結束流亡返晉。文公遍賞隨從諸臣，相傳晉文公為逼介之推出仕，曾放火燒綿山（今山西介休東南），介之推因而焚身。傳為古代寒食節之起源。 |

| 前626 | 楚 成王46 | 政 | 楚成王死，諡之“靈”，不瞑；改諡“成”乃瞑。這是實行諡法的具體事例。一般以為諡法起於西周初年。成書於戰國的《逸周書・諡法解》記述了西周以來的諡法制度。 |

| 前617 | 魯 文公10 | 科 | 《左傳》載“命夙駕載燧。”燧為古人取火工具，有木燧與金燧之分。金燧又稱陽燧、鑒燧等，即銅製凹鏡，可向日取火。此處若是金燧，則是古人早期利用太陽能的工具。 |

虎鳥蟠虺紋陽燧

| 前613 | 魯 文公14 | 科 | 《春秋》載“秋七月，有星孛（彗星）入於北斗”，這是世界上對哈 |

左側縱排：東周·春秋戰國 公元前770—前221

雷彗星的最早記錄，比西方早 670 多年。自此至清末，中國史書對哈雷彗星的記載共有 31 次，從未遺漏。

| 前 607 | 晉 靈公 14 | 《左傳》載晉卿趙盾為避靈公殺害而出奔，未出境，聞其族人已殺靈公，乃還。太史董狐因他"亡不越境，反不討賊"，乃記於史策曰："趙盾弒其君。"董狐遂成為中國古代史官敢於直書之典範。 |

前 589　晉 景公 11

晉郤克、欒書等率師與齊戰於鞍，齊軍大敗。世傳青銅器欒書缶銘文記有此事。銘文以錯金鑲嵌手法製成，證明此時中國已掌握錯金工藝。

欒書缶及銘文（局部）

前 581　晉 景公 19

景公病，使秦名醫緩視之。緩診視謂病在肓之上，膏之下，認為"攻之不可，達之不及，藥不至焉，不可為也。"景公旋死。後世遂有"病入膏肓"之説。

前 548　齊 莊公 6

《左傳》載齊莊公與崔杼妻通，杼殺莊公。齊太史書曰："崔杼弒其君。"杼殺太史，其弟再書，又殺之。其弟復書，乃捨之。南史氏聞太史盡死，執簡以往，聞已記之乃歸。是為古代史官秉公直書又一範例。

前 544　楚 郟敖元

《左傳》載楚人以桃柄帚袚鬼。表明春秋時已把桃樹枝條作為驅鬼壓邪之用。

前 544　吳 餘祭 4

吳季札在魯國觀賞周樂。樂工為他演奏了《詩經》中的《周南》、《召南》等國風以及《小雅》、《大雅》等樂曲。季札對諸樂舞一一評論。

前 540　晉 平公 18

《左傳》載，晉平公十八年，韓起使於魯，於太史氏處觀《易》、《象》與魯《春秋》等書，慨歎曰："周禮盡在魯矣。"反映了春秋時魯國保存西周以來的文化典籍、禮儀制度最為完備。

前 537　秦 景公 40

秦景公卒。1986 年發現其墓葬。其墓室規模之大、佈局之完整，堪稱春秋時期陵墓之最。

秦景公大墓

| 前530 | 晉 昭公2 | 娛 | 《左傳》載晉昭公宴享齊景公。席間有投壺（投矢於酒壺之中，比賽投中多寡）遊戲。説明春秋時已有投壺作為娛樂活動。 |

前525　魯 昭公17　宗　《左傳》載郯子為魯昭公介紹自己的祖先少皞氏以鳥名命官，並説黃帝以雲紀，故為雲師而雲名；炎帝以火紀，故為火師而火名；共工氏以水紀，故為水師而水名；太皞氏以龍紀，故為龍師而龍名。反映了中國原始氏族社會的圖騰崇拜。

前522　周 景王23　藝　周景王令鑄"無射"編鐘，著名的音律家伶州鳩給予指導，運用了以黃鐘為首的十二律理論。

前522　魯 昭公20　藝　《左傳》載齊晏嬰論音樂云："一氣（抒發情感）、二體（文舞和武舞）、三類（指風、雅、頌）、四物（以四方之物製成各種樂器）、五聲（宮、商、角、徵、羽）、六律（黃鐘、太簇、姑洗、蕤賓、夷則、無射）、七音（五聲以及變音、變徵，即今之音階）、八風（八方之風）、九歌（歌頌眾多功德）以相成也。清濁、大小、短長、疾徐、哀樂、剛柔、遲速、高下、出入、周疏以相濟也。"這是中國古代較早地對音樂做出的全面論述。

均鐘

前520　周 景王25　科　《國語》載此時已有分野做法。即將黃道劃分十二部分，稱十二次，每次各有名稱及若干星官為標誌，把天上十二次與地面不同地域相對應，稱某地是某次之分野。

二十八宿衣箱

前517　魯 昭公25　史　春秋時期"禮崩樂壞"，魯大夫季孫氏僭用周天子的"八佾"之舞，《論語·八佾》載孔子説："是可忍也，孰不可忍也？"

前514　吳 闔閭元　　吳王闔閭使伍子胥築闔閭城（今江蘇蘇州），為蘇州建城之始。

前512　吳 闔閭3　文　軍事家孫武以其所著《兵法》見吳王闔閭，因任為將。世稱其書為《孫子兵法》、《吳孫子兵法》，是中國最早的軍事理論著作。

前501　鄭 獻公13　人　鄭國大夫、法家名家學者鄧析被殺。鄧析修改鄭國刑法，書寫在竹簡上，史稱《竹刑》。他創辦私學，宣傳以法治國。他教人"操兩可之説，設無窮之詞"，發展了名辯之學。

前500	齊 景公 48	人	齊國政治家晏嬰卒。歷仕靈公、莊公、景公三世。今本《晏子春秋》為戰國時人輯其言行而作。
	公元前6世紀	科	公元前6世紀中國已掌握滲碳鋼冶煉技術，1976年在湖南長沙楊家山發現了此時期楚人所造之鋼劍，是迄今所見古代最早的鋼劍。

燕國鋼劍

公元前6世紀		科	公元前6世紀在中原地區已通行牛耕。孔子弟子有冉伯牛，名耕；有司馬耕，字子牛。晉國有力士牛子耕等，皆可為證。
前497	晉 定公 15	史	晉趙鞅叛，並與范氏、中行氏相攻伐。後趙鞅入絳 (晉國都，今山西曲沃西南)，與之盟於晉宮。 其盟誓文書見於1965年出土的侯馬 (今山西侯馬東南) 盟書。

侯馬盟書

前493	晉 定公 19	史	晉鄭戰於鐵 (今河南濮陽西北)。戰前趙鞅誓曰："克敵者，上大夫受縣，下大夫受郡。"此為縣、郡連稱的最早記載。當時縣、郡已用於指稱地方行政區劃。縣早於郡，並且地位高於郡。
前486	吳 夫差 10	科	吳王夫差組織人力開邗溝，將長江與淮河相溝通，成古代最早之運河。其河道為後世南北大運河的一部分。
前481	魯 哀公 14	文	儒家經典《春秋》絕筆於本年。《春秋》為魯國史書，採用編年史體例，經孔子修訂，文字雖簡短，但意含褒貶，後世稱為"春秋筆法"。《春秋》記述的這段時期，晉國史書《乘》、楚國史書《檮杌》亦有記載。
前479	魯 哀公 16	人	孔子卒 (公元前551年—)。他創立了以仁、禮為核心的儒家學說，開創大規模的私人辦學，並整理和修訂西周以來的文化典籍。《論語》是孔子弟子對他生前言行的記錄，集中反映了他的思想理論。儒學對中國社會影響深遠。
		人	有著名思想家老子，創立道家學說，從哲學深度論述了"道"是宇宙萬物的根源。司馬遷在《史記》本傳中認為老子即是與孔子同時的李耳，但又不能完全肯定。

東周・春秋戰國　公元前770—前221

| 前 476 | 周 敬王 44 | | 周敬王卒。二十世紀七十年代在湖南長沙馬王堆漢墓出土有帛書《春秋事語》十六章，為春秋時史書，但殘破嚴重，所記史事多與《左傳》相同。 |

《春秋事語》帛書殘卷

| 前 465 | 越 勾踐 32 | | 越王勾踐卒。勾踐曾被俘於吳，救回國後，臥薪嘗膽，勵精圖治，任用范蠡、文種理政，終於滅吳稱霸。 |

越王勾踐劍

前 464	魯 悼公 4	文	編年體史書《左傳》起於魯隱公元年（公元前 722 年），止於本年。其敍事更晚至魯悼公十四年（公元前 454 年）。《左傳》以大量史實解釋《春秋》經，具有極高的史料價值。
前 453	周 貞定王 16	文	中國第一部國別史《國語》所記史事最晚止於本年。《國語》記載了西周末年和春秋時期各國史事及貴族言論。舊有 “《國語》記言，《左傳》記事” 之說。
前 422	秦 靈公 3		秦靈公作上、下畤，以上畤祭黃帝、下畤祭炎帝，此為炎黃並祀之始。
前 402	周 威烈王 24		孔子之孫子思卒（公元前 483 —）。他發揮孔子的仁學思想，著《中庸》，宣揚心性之學。1993 年，湖北郭店出土楚簡中有《性自命出》等新見儒家著作，填補了孔子之後儒家對人性與心、命、情關係的論述空白。
前 396	魏 文侯 50		魏文侯卒。他重用李悝、吳起、西門豹等人變法改革，魏國因此而一度強大。
前 395	魏 武侯元		戰國早期法家代表人物李悝卒（公元前 455 —）。曾任魏文侯相，主持變法。又彙集當時各國法律，編成《法經》，是中國古代第一部比較完整的法典，但已亡佚。
前 381	楚 悼王 21	文	軍事思想家吳起卒。輔佐楚悼王變法。悼王死，遂被楚貴族殺害。著有《吳起》48 篇，已佚。今本《吳子》六篇係後人所託。
前 376	周 安王 26	文	墨家學派創始人墨子卒（約公元前 468 年—）。墨子學說以 “兼愛” 思想為核心，提倡非攻、節葬、尚賢、明鬼等主張。戰國後

期，墨家後學在認識論、邏輯學以及自然科學的力學、光學、幾何學等方面的論述和實踐都取得了十分突出的成就。今本《墨子》是墨家學派的著作總彙。

楊朱，魏國人，稍晚於墨子，戰國早期思想家。他反對儒家仁禮學説，也反對墨家的兼愛、非攻思想，主張以自我為中心，提倡"貴生"、"重己"。其事散見先秦諸子中。

前 374	周 烈王 2	太史儋約於本年西出函谷關時見到關令尹喜，並修撰今本《老子》。司馬遷在《史記》中對老子其人不能確定，或謂為戰國之太史儋。自 1993 年湖北郭店楚簡古本《老子》出土後，有學者認為，道家創始人本春秋末年之李耳，古本《老子》即其所著，與今本多有不同，至戰國中期，太史儋對古本《老子》加以修訂改造，遂成今本《老子》。
前 357	(田)齊桓公 18	(田)齊桓公午卒。曾在都城臨淄（今山東淄博）的稷下（臨淄的稷門附近）建築學宮，逐漸成為一大學術中心。
前 344	秦 孝公 18	秦孝公任用商鞅變法，製標準量器，統一量制，奠定了秦國富強的基礎。出土青銅"商鞅量"（又稱"商鞅方升"）即其物證。器側刻有本年銘文，器底有秦始皇二十六年（公元前 221 年）加刻的統一度量衡詔書。

商鞅方升

前 341	(田)齊威王 16	齊魏馬陵之戰。齊孫臏以逐日減灶之計誘敵深入，大破魏軍。孫臏，戰國軍事家，被誣遭臏刑（挖膝之刑），故稱孫臏。著兵書《齊孫子》（後世稱《孫臏兵法》），隋朝以前失傳。1972 年山東臨沂縣銀雀山西漢墓出土其殘簡，可見該書對《孫子兵法》的繼承與發展。

《孫臏兵法》竹簡

前 338	秦 孝公 24	秦孝公卒，商鞅（約公元前 390 —）遭貴族殺害。《漢書·藝文志》有《商君》29 篇，今存 24 篇，是商鞅及其後學的著作合編。
前 337	韓 昭侯 26	政治家申不害卒。任韓昭侯相十五年，推行變法，尤其強調對權術之運用。《漢書·藝文志》有《申子》6 篇，今僅存輯錄《大體》1 篇。

前330　周 顯王39　**人** 政治家尸佼約卒於本年。主張以法治國,曾協助商鞅推行變法。他以星辰東升西落,提出大地是自西向東旋轉之說。著有《尸子》,已佚,今有輯本。

前323　楚 懷王6　**物** 楚懷王發給鄂君啟的水陸通行符節於 1957 年和 1960 年出土於安徽壽縣。有兩組,分別為水路、陸路通行憑證。此為研究中國古代商業、交通及符節制度的重要實物資料。
鄂君啟節

前318　周 慎靚王3　**史** 魏、趙、韓、楚、燕五國實現合縱抗秦,從此形成戰國時期合縱、連橫的一系列軍事、外交抗衡。

文 《戰國策》為記載此時期縱橫遊說謀策與言論的彙編,初有《國策》、《國事》、《短長》等名稱,西漢劉向編訂為 33 篇,始定為今名。馬王堆漢墓出土記述戰國時事的帛書,與《戰國策》內容相近。

前315　周 慎靚王6　**人** 法家思想家慎到約卒於本年。曾在齊國稷下講學。他主張法治,特別強調權勢在其中的重要作用。著有《慎子》,已佚。現存輯錄七篇。另有《慎子內外篇》,係偽作。

前311　秦 惠文王14　**火** 秦惠文王卒。曾刻石記文,祈求天神克制楚兵,復其邊城,後世稱為"詛楚文"。宋朝時先後於水中、土中發現三石,各自成文,書以秦篆。原石已佚,今僅存拓文。

前310　周 赧王5　**人** 名家學者惠施約卒於本年。在當時名辯思潮中,他的"合同異"(合萬物之異)學說與公孫龍的"離堅白"(離萬物之同)學說分別代表名家的兩個派別,推動了先秦邏輯思維的發展。著有《惠子》,已佚。

前307　趙 武靈王19　**史** 趙武靈王令趙國軍隊"胡服騎射",吸收遊牧民族的衣飾,以利作戰。
胡服俑

前301　(田)齊宣王19　**教** (田)齊宣王卒。曾廣招天下學者來稷下學宮講學議論,人多達數百千人,盛極一時。在此講學的學者有宋鈃、尹文、田駢、接子、環淵等。

東周・春秋戰國 公元前 770—前 221

| 前 300 | 周 赧王 15 | ◆ | 宋國思想家宋鈃約卒於本年。宋鈃又稱宋榮。主張認識事物首先應破除成見，以此消除人世各種矛盾。《漢書‧藝文志》於小說家內著錄《宋子》18 篇，但又註云"其言黃老意"。書已佚。 |

前 299　周 赧王 16　文　編年體史書《竹書紀年》編至本年。於西晉初在河南汲縣出土，因書於竹簡而得名。共 12 篇，敍述夏、商、西周、春秋時晉國和戰國時魏國史事。

文　與《竹書紀年》同時出土的有《穆天子傳》。書中記述周穆王駕八駿西遊三萬里之經歷。帶有神話傳說及虛構成分，對魏晉誌怪小說有直接影響。有學者視其為中國小說之原始，並以為對研究古代中西交通史也具有價值。惟其作者不詳。

前 296　趙 惠文王 3　◆　趙滅中山國（一說在公元前 301 年）。中山國是戰國時期北方遊牧民族鮮虞族建立的軍事王國。

中山王墓出土兆域圖

前 289　周 赧王 26　人　儒家思想家孟子卒（約公元前 372 —）。着重發展孔子的仁學，以人性善闡述仁義道德的必然性以及天人合一思想。提倡仁政，主張法先王。他的"民貴君輕"思想是春秋以來民本思想的代表。《孟子》記錄了他的言行，集中地反映了他的思想學說。

前 286　周 赧王 29　◆　道家思想家莊子卒（約公元前 369 —）。他發展了"道法自然"的思想，強調事物的自然本性，否認有神的主宰。著有《莊子》（唐朝以後又稱《南華經》）33 篇。一般認為，其中內篇 7 篇為莊子本人所作，外篇雜篇可能攙雜其門人之作。其文章富於想像，行文汪洋恣肆，多用寓言比喻，對後世浪漫主義文學的發展有深刻影響。

前 284　周 赧王 31　人　蘇秦卒。東周洛邑（今河南洛陽東）人，戰國著名縱橫家。曾倡導東方六國聯合抗秦。《漢書‧藝文志》縱橫家有《蘇子》31 篇，已佚。馬王堆漢墓出土帛書中有蘇秦的書信和遊說辭 16 章，可補充《史記》、《戰國策》之不足。

前280	周 赧王 35		思想家尹文約卒於本年。善名辯，強調"正名"，主張消除爭鬥，止息用兵。《漢書‧藝文志》於名家內著錄《尹文子》1篇，現存2篇，或疑後人偽託。一說《管子‧白心篇》係其所著。
前279	楚 頃襄王 20		楚將莊蹻率軍通過黔中攻向西南，越過且蘭、夜郎，直至滇（今雲南滇池附近）。後因秦佔黔中，不得還楚，遂在滇稱王，號莊王，對西南經濟、文化的發展做出貢獻。
前278	楚 頃襄王 21		楚國政治家、中國最早的詩人屈原約於本年投汨羅江而死（約公元前340—）。名平，楚國貴族。初佐懷王，主張聯齊抗秦，後遭讒去職。楚頃襄王時被放逐，長期流浪於沅湘流域。他創造出騷體（楚辭體）的文學新形式，在中國文學發展史上具有重要地位。今所見其作品，皆出自西漢劉向所輯《楚辭》中。

放逐汨羅賦《離騷》
（局部）

| 前256 | 周 赧王 59 | | 秦滅周，周赧王卒。 |
| 前251 | 秦 昭王 56 | | 秦昭王卒。晚年，蜀郡守李冰父子在前人治水基礎上，於今四川灌縣西北岷江中建都江堰，在排洪、灌溉、航運等方面皆取得顯著效益，從此成都平原沃野千里，促進蜀地經濟文化的繁榮發展。 |

都江堰

前243	魏 安釐王 34		魏國信陵君卒。與齊國孟嘗君、趙國平原君、楚國春申君，號稱"四君子"，皆為各國宗室貴族，養士達三千人，對當時的政治、外交、軍事等發揮重要作用。
前242	秦 王政 5		名家學者公孫龍約卒於本年。他的名辯論題有"離堅白"、"白馬非馬"等。深入分析概念的規定性和差別性，推動了古代邏輯思維的研究，但由於過分誇大差別性而忽視同一性，而陷入詭辯論。著有《公孫龍子》，今僅存5篇。
前240	秦 王政 7		五行家代表人物鄒衍卒。他提出"五德終始"說，以五行相克解釋社會的變動和王朝興替的規律性。鄒衍著有《鄒子》、《鄒子終始》，皆佚。

東
周
·
春
秋
戰
國
　
公元前
770
—
前
221

前 238	趙 悼襄王 7	🔆	思想家荀子卒（約公元前 313 —）。名況，時人尊稱荀卿，趙國人。荀子繼承儒家禮治思想，強調以"禮"來確定人們貴賤尊卑的不同地位。政治上主張霸道、王道兼之。他否認鬼神的存在，認為人的吉凶與自然的變化沒有必然聯繫，把先秦時期的樸素唯物主義思想發展到最高水準。著有《荀子》32 篇。
前 237	秦 王政 10	🔆	秦王受保守貴族慫恿，下令逐客。李斯上《諫逐客書》，陳說利害。秦王遂廢逐客令。
前 235	秦 王政 12	🔆	秦相呂不韋卒。曾命門客"人人著所聞"，匯合各家學說，編著成《呂氏春秋》，後世亦稱《呂覽》。全書以儒、道思想為主，兼及名、法、墨、農、陰陽諸家之說，為秦統一天下、治理國家提供了思想理論。
前 233	秦 王政 14	🔆	法家代表人物韓非卒（約公元前 280 —）。韓國貴族，荀子弟子。主張以法為中心，法、術、勢相結合，集先秦法家思想之大成。《韓非子》係後人收集其遺著及他人論述而編成。
前 227	秦 王政 20	🔆	衛國遊俠荊軻受燕太子丹之託，行刺秦王。失敗被殺。

荊軻刺秦王畫像石

戰國時期	🔆	儒家經典《周禮》成書於戰國時期。又名《周官》，記述周朝職官制度之書。其內容參照周王室官制以及各國制度，依儒家政治理想加以編排而成。
	🔆	儒家經典《禮》（又稱《士禮》、《儀禮》）舊傳為周公所作，實為春秋戰國時期儒家學者搜集周王室及各國禮儀制度彙編而成。為研究周代典禮儀制及倫理習俗的重要參考文獻。
	🔆	《逸周書》，原名《周書》，為戰國時人擬周代誥誓辭命之作，連序共71 篇（已佚 9 篇），多有篇次錯亂及文字脫誤。
	🔆	《樂記》約成於戰國早期，傳為孔子再傳弟子公孫尼子所作。主要從理論上闡述了音樂的本原、美感、社會作用以及禮樂關係等，強調音樂的教化作用。
	🔆	古代地理著作《山海經》約成書於戰國，非出於一時一人之手。書中記述了民間傳說的地理知識，包括山川、道里、民族、物產、藥物、祭祀、巫醫等，保存了許多遠古神話傳說，是研究古代地理、歷史、神話等重要參考文獻。本書也是世界上記錄礦物的最早著作。

🅕《世本》為戰國時史官所撰，後世亦稱《系本》。記載了自黃帝至春秋時諸侯大夫的姓氏譜系等。宋時散佚，清學者有輯本。

🅕 戰國軍事家尉繚著軍事理論著作《尉繚子》。《漢書・藝文志》兵家內著錄有《尉繚子》31 篇，今存 24 篇。

🅐 戰國早期墓葬曾（姬姓國，附屬於楚）侯乙墓，於 1978 年發掘於湖北隨縣。出土青銅器、金器、玉器、漆竹木器等共七千餘件。尤以成套編鐘珍貴至極。編鐘共 64 件。每件上皆鑄有音律名、音階名、變化音名以及同楚、晉等國律名對應關係，對研究古代音樂價值極高。

曾侯乙編鐘

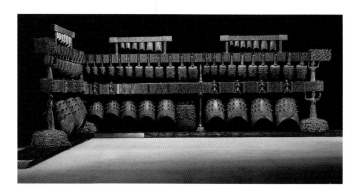

🅢 甘德和石申是戰國中期著名的天文學家。甘德著有《天文星占》，石申著有《天文》。後人合稱為《甘石星經》，並把他們測定恆星的記錄稱之為《甘石星表》，是世界上最早的恆星表，比歐洲第一個恆星表還早約 200 年。

🅜 扁鵲為戰國時著名醫學家，姓秦，名越。其醫術高超，反對巫術迷信，擅長各科，尤善望、切，為中醫脈學之倡導者。

🅜 成書於戰國時期的《黃帝內經》，簡稱《內經》，分為《素問》、《靈樞》兩部分，為奠定中醫理論基礎的經典之作。

🅜 出土於湖南長沙馬王堆漢墓的《足臂十一脈灸經》和《陰陽十一脈灸經》是中國最早的脈學著作。《五十二病方》是中國現存最早的醫方。三書皆早於《黃帝內經》，大約成書於戰國初年。

馬王堆出土《陰陽十一脈灸經》帛書殘卷

🅕 馬王堆漢墓還出土有道家著作《道原》等四種以及《相馬經》，皆屬戰國作品。

| 前 221 | 秦 始皇 26 | 🀄 | 秦王政統一中國，自稱始皇帝，建立秦王朝，為中國歷史上第一個統一的、中央集權制帝國。 |
| 前 221 | 秦 始皇 26 | 📜 | 秦遵循五德終始説，崇尚水德，服色尚黑，數以六紀，以十月為年首，民稱"黔首"。 |

字磚上的小篆

前 221	秦 始皇 26	🀄	廢除分封制，全國實行郡縣制。
前 221	秦 始皇 26	文	統一度量衡、貨幣、文字。
前 220	秦 始皇 27		在全國修築馳道，寬 50 步，每三丈植樹，構成以國都咸陽為中心，可達於四邊的交通網絡。
前 219	秦 始皇 28	🀄	秦始皇東巡，一路登嶧山（在今山東鄒縣東南）、泰山（在山東中部）、琅琊山（在山東膠南縣），在泰山行封禪禮，並分別立《嶧山刻石》、《泰山刻石》、《琅琊台刻石》。
前 218	秦 始皇 29	🀄	秦始皇再次東巡，立《之罘刻石》、《東觀刻石》。
前 217	秦 始皇 30	🀄	獄吏喜卒，隨葬有大量秦代法律、文書，另有《編年記》等。

睡虎地秦簡

前 215	秦 始皇 32	🀄	秦始皇東巡至碣石（今河北昌黎北），立《碣石刻石》。
前 215	秦 始皇 32	🀄	拆毀內地長城，夷平險阻，加強各地政治、經濟、文化的聯繫。
前 214	秦 始皇 33	科	史祿主持開鑿靈渠（在今廣西興安縣），溝通湘、灕二水，將長江與珠江兩大水系連接起來。渠上築有陡門，類似船閘，是世界上最早的通航設施。

靈渠陡門

| 前 214 | 秦 始皇 33 | | 自本年起，將原秦、趙、燕三國北長城連為一體，西起臨洮（今甘肅岷縣），東至遼東，成為"萬里長城"。 |

	前213	秦 始皇34	秦始皇下令焚燬除《秦記》以外的列國史記以及《詩》、《書》等百家著作;禁止私學,欲學法令者,以吏為師。古代文化典籍遭到大破壞。
	前212	秦 始皇35	盧生、侯生等方士、儒生批評秦始皇,遂坑殺460多名方士、儒生於咸陽。後世與上年之焚書合稱"焚書坑儒"事件。
	前212	秦 始皇35	秦始皇建阿房宮和驪山陵墓。

秦始皇陵兵馬俑

秦

公元前221 — 前206

前210	秦 始皇37	秦始皇南巡至會稽(在今浙江紹興),立《會稽刻石》。在巡視途中,卒於沙丘(今河北廣宗西北)。
前209	秦 二世元	陳勝、吳廣揭竿而起抗秦。陳勝在陳(今河南淮陽)稱王,建立張楚政權。

秦時期 文 李斯撰《倉頡篇》、趙高撰《爰曆篇》、胡毋敬撰《博學篇》,以小篆字體書寫,作為學童識字的標準課本。

秦朝建立前後繪於數塊松木板上的地圖,於1986年在甘肅天水放馬灘秦墓出土,這是目前所見中國最早的木板地圖實物。

秦方士徐福(一説徐市)奉始皇之命,率童男童女數千入海,求仙人及不死之藥,去而不返。後世相傳漂至日本。

秦統一嶺南後,在今廣州市中心地區建了大型造船場,其遺址於1975年被發掘。

里耶秦簡出土。2002年在湖南龍山縣里耶古城發現3.6萬支秦簡,為研究秦朝社會狀況提供豐富資料。

前206	漢 王元	劉邦軍隊圍攻咸陽,秦王子嬰投降,秦朝滅亡。
前206	漢 王元	蕭何盡收秦朝廷所藏律令、圖籍、文書等,依秦制草創漢律等制度。實際上劉邦起兵後最先是照楚制行事,經一段時間後才轉向秦制。上世紀80年代,在湖北江陵張家山出土大批漢初簡牘,

其中的《奏讞書》、《二年律令》等都可證實漢初制度的這種轉
變。又有《功令》，提供了漢初戍邊殺敵立功授獎方面的可靠記
載。

前 206	漢 王元	科	天文曆算著作《周髀算經》約成書於漢初或更早。書中闡述了蓋天說和四分曆法；數學方面，運用了分數和開平方演算法，並且是中國最早引用畢氏定理的著作。1984 年在湖北張家山漢墓中出土有《算數書》，亦為數學專著，與《周髀算經》似屬同一時代的數學著作。
前 201	漢 高祖 6	⊕	博士叔孫通為漢高祖劉邦制定朝儀制度，加強皇權統治。
前 199	漢 高祖 8	祭	高祖令天下立靈星（農神）祠。
前 199	漢 高祖 8	文	約在本年，西漢今文易學開創者田何自魯地徙居關中傳授《易經》。
前 196	漢 高祖 11	⊕	原秦南海郡龍川縣令趙佗乘秦末戰亂，行南海尉事，進而兼併桂林、南海、象三郡，建南越國。本年漢遣使封佗為南越王。
前 195	漢 高祖 12	⊕	燕人衛滿至朝鮮，逐走其王箕準，自立為朝鮮王。
前 195	漢 高祖 12	文	高祖以太牢祭祀孔子，開始重視儒家學說。
前 194	漢 惠帝元	⊕	漢惠帝即位，以曹參為丞相。曹參採用黃老之術，推行無為而治，使民得以休養生息。
前 193	漢 惠帝 2	火	長沙國丞相利倉卒。利倉及其家屬的墓葬於 1972 年在湖南長沙馬王堆被發現。

漢

公元前 206 — 公元 220

馬王堆出土帛畫

馬王堆出土紗衣

| 前 179 | 漢 文帝前元 | 文 | 政論家賈誼撰《過秦論》，論述秦朝興亡的教訓，宣揚以儒家仁義教化作為治國指導。 |
| 前 178 | 漢 文帝前 2 | ⊕ | 漢文帝詔令官員薦舉"賢良方正、能直言極諫"者。此種察舉制度為漢朝選人任官的主要途徑，高祖時已偶有類似詔令，文帝時漸成制度。 |

| 前 172 | 漢 文帝前 8 | 文 | 經學家伏生年九十餘，傳今文《尚書》29 篇。時太常掌故晁錯奉命從伏生學《尚書》。 |

| 前 170 | 漢 文帝前 10 | 人 | 政論家陸賈約卒於本年。他曾撰文 12 篇，告誡高祖劉邦說，天下可"馬上（武力）得之"，但不能"馬上治之"，建議推行儒家仁政，並輔以黃老的無為而治。著有《新語》，今傳。 |

| 前 169 | 漢 文帝前 11 | 史 | 漢文帝採納晁錯建議，在中原地區募民，遷徙北邊，以耕戰結合抵禦匈奴的侵擾。 |

邊疆出土的
漢柳字板瓦

| 前 165 | 漢 文帝前 15 | 史 | 漢文帝詔舉"賢良文學、能直言極諫"者，並親自策問被薦舉者。此為漢朝察舉有考試之始。 |

| 前 163 | 漢 文帝後元 | 醫 | 醫學家淳于意行醫約在此時期。臨淄人，曾任齊太倉令，故又稱倉公。擅辨證審脈，治病多驗。《史記·扁鵲倉公列傳》記載了他的 25 例醫案，是今天所見中國最早的病史記錄。 |

| 前 157 | 漢 文帝後 7 | 史 | 文帝始置專書博士，一些儒家經書和諸子皆置博士。 |

| 前 154 | 漢 景帝 3 | 人 | 政論家晁錯被斬（公元前 200 年—）。漢景帝採納晁錯削藩之策，引發吳楚七國之亂。 |

| 前 152 | 漢 景帝 5 | 人 | 天文曆算家張蒼卒。曾改定音律、曆法，向高祖建議漢崇水德、色尚黑，用顓頊曆等，並整理《九章算術》。 |

| 前 150 | 漢 景帝 7 | 文 | 文學家鄒陽為梁孝王客，被讒下獄，作《獄中上梁王書》申訴冤屈，得釋。又有《上吳王書》等。其文尚有戰國遊說善辯之風。 |

| 前 149 | 漢 景帝中元 | 文 | 經學家轅固生治《詩》，任景帝博士，為今文"齊詩學"創立者，主張抑道揚儒。 |

| 前 144 | 漢 景帝中 6 | 文 | 經學家韓嬰約於本年任常山王太傅。治《詩》及《易》，開創今文"韓詩學"。 |

| 前 141 | 漢 景帝後 3 | 史 | 漢景帝卒。西漢文帝、景帝實行"與民休息"政策，使社會生產得到恢復和發展，並且致力於削弱地方諸侯勢力，加強中央集權，史稱"文景之治"。 |

漢景帝陵儀仗俑羣

| 前 141 | 漢 景帝後 3 | 科 | 文帝景帝時可能已有植物纖維紙。1986 年在甘肅天水放馬灘漢墓中發現有植物纖維紙地圖疊放在屍體胸前。據考古測定，該墓葬當在西漢早期。 |

西漢早期的麻紙

前 141	漢 景帝後 3	教	景帝末年，蜀郡太守文翁在成都建學校，入學者得免除徭役，優者補郡縣吏。此為地方官府創辦學校較早者。又遣小吏張寬等至長安，學儒家經典於博士，學成返蜀教授，推動巴蜀文化的發展。
前 140	漢 建元元	史	漢武帝即位。自本年起始有帝王年號。年號之創建原始於武帝元鼎四年（公元前 113 年），此前之建元、元光、元朔、元狩等年號皆係追紀。
前 140	漢 建元元	史	詔舉賢良方正直言極諫之士，以此提拔儒家學者；凡治法術、刑名、縱橫家之學者，輒被黜退。
前 140	漢 建元元	人	著名辭賦家枚乘卒。漢武帝以安車蒲輪徵枚乘入京，乘卒於途。今存其作《七發》等三篇。以《七發》最為著名，開創了漢代大賦體裁。
前 139	漢 建元 2	史	張騫奉武帝命出使大月氏（今阿姆河流域），以聯合抗擊匈奴。途中為匈奴扣留，前後達 11 年。

張騫出使西域壁畫

前 136	漢 建元 5	文	武帝增立《易》、《禮》博士，儒學五經博士置齊，皆為今文經學派。
前 135	漢 建元 6	史	竇太后卒，黃老之學始衰。田蚡出任丞相，數百儒生受到聘任。
前 135	漢 建元 6	史	唐蒙奉命出使夜郎（今貴州西北、雲南東北、四川南部地區），溝通了漢與西南夷的聯繫。漢置犍為郡。
前 134	漢 元光元	文	武帝策問賢良文學，董仲舒對以"天人"三策，提出"罷黜百家，獨尊儒術"，為武帝所採納。又依董仲舒建議，令郡、國舉孝、廉各一人，使察舉制度逐步完善。

| 前 134 | 漢 元光元 | 科 | 《漢書‧天文志》記載本年六月"客星見於房"，這是關於新星的世界最早記錄。 |

前 130　漢 元光 5　《史》　河間獻王劉德卒。景帝子，好儒學。多延聘山東儒生，搜求古書。相傳曾得先秦古文《周官》、《尚書》、《禮》、《禮記》、《孟子》、《老子》等書，並立古文經《毛詩》、《左氏春秋》博士，以與朝廷今文經學博士相抗衡。又擅長音樂，於本年將所編集的雅樂貢獻給朝廷太樂署。

前 128　漢 元朔元　世　張騫逃脫匈奴，繼續西使，經大宛 (中亞費而幹納盆地)、康居 (今巴爾喀什湖與鹹海間)，至大月氏。復至大夏 (今阿姆河流域南部)，見到由身毒 (指古印度) 傳去的四川邛竹杖、蜀布。表明此前中國西南地區和印度半島、阿富汗北部一帶已有交通貿易往來。

前 128　漢 元朔元　《史》　魯恭王劉餘卒。景帝子，好治宮室。相傳曾壞孔子舊宅，以廣其宮，在壁中發現先秦古文《尚書》及《禮記》、《論語》等。

前 127　漢 元朔 2　《史》　主父偃被誅。偃以縱橫術為武帝擢用，晚年亦學《易》、《春秋》及諸子學說。其"推恩"之策被武帝採納，使諸侯王多分封子弟為侯，而王國封地日漸縮小。《漢書‧藝文志》縱橫家有《主父偃》28 篇，今僅存清人輯本。

前 126　漢 元朔 3　世　張騫歸抵長安，出使西域歷時 13 年，成為溝通漢與西域聯繫、開闢"絲綢之路"的先導。

波斯風格的織錦

前 124　漢 元朔 5　《教》　初置博士弟子 50 人。由太常及地方郡國選拔人才至京城，從博士受業，免其徭賦。經一定年限，通過考核，可授予官職。可視為漢朝太學之初始。

前 123　漢 元朔 6　《史》　西漢早期今文穀梁學代表人物江公約卒於本年，與今文公羊學大師董仲舒辯論《春秋》之優長。由於丞相公孫弘偏袒董仲舒，公羊學得到扶持。

前 122　漢 元狩元　《史》　淮南王劉安以謀反事發自殺。高祖孫，好讀書鼓琴，善為文辭。主持編著《鴻烈》(亦稱《淮南鴻烈》、《淮南子》)，其書以道家觀點為主，並綜合法、儒、陰陽等諸家思想而成。《漢書·藝文志》列為雜家。

| 前 122 | 漢 元狩元 | 據《淮南子》記載，漢代已有習俗在大門兩側置桃木符，上書避災祈福語。相傳，製造豆腐為劉安所發明。 |

擴大樂府規模與職能，使樂府以掌管俗樂為主，以李延年為樂府協律都尉，派人至全國各地採集民歌。

| 前 120 | 漢 元狩 3 |

霍去病和衛青擊敗匈奴主力，結束了漢與匈奴的第三次大戰役，解除了秦漢以來匈奴的威脅，保證了絲綢之路的暢通無阻。

| 前 119 | 漢 元狩 4 |

張騫率三百人出使烏孫 (在今新疆伊犁河流域)，為第二次通使西域。

| 前 119 | 漢 元狩 4 |

漢遷烏桓於上谷、漁陽等五郡塞外，置護烏桓校尉統轄之。

| | 漢 元狩 4 |

漢罷三銖錢，鑄五銖錢。因其方便，直通行至唐初。五銖錢為中國古代流通最久的錢幣之一。

五銖錢

| 前 118 | 漢 元狩 5 |

辭賦家司馬相如卒 (公元前179 —)。字長卿，蜀郡成都 (今屬四川) 人。工於辭賦，代表作有《子虛賦》、《上林賦》等，盡極鋪張，於篇末寄寓諷諫，為漢代大賦之典型。原集已散佚，後人有輯本。

| 前 117 | 漢 元狩 6 |

著名將領霍去病卒 (公元前 140 —)。多次擊敗匈奴主力，戰功顯赫，死後陪葬武帝茂陵。其墓前置有各種大型圓雕石刻，形象生動，造型渾厚，為中國古代雕刻藝術之傑作。

馬踏匈奴石雕

| 前 117 | 漢 元狩 6 |

漢武帝在長安建柏梁台，置酒其上，詔羣臣和詩聯句。詩為七言，每人一句，每句用韻，世稱柏梁體。

| 前 115 | 漢 元鼎 2 |

前 115	漢 元鼎 2	🔵	張騫與烏孫使者同歸長安。此後，中西使者相望於道，各國的音樂、繪畫、雕刻等藝術也隨之傳入中國。
前 113	漢 元鼎 4	🔵	汾陰 (山西萬榮西南) 出土大鼎，方士公孫卿妄言合於黃帝升仙故事，漢武帝遂以 "元鼎" 為年號，並追記即位以來之年號。此為帝王建年號之始。
前 113	漢 元鼎 4	🔵	中山靖王劉勝卒。景帝子、武帝庶兄。1968 年對其墓葬進行考古發掘，其墓中隨葬物品有金縷玉衣、長信宮燈、錯金博山爐等，皆為漢代銅器中的藝術瑰寶。三棱銅鏃表面曾作鉻鹽處理，至今光潔如新。

金縷玉衣

長信宮燈

前 111	漢 元鼎 6	🔵	漢建珠崖郡，轄境相當今海南島東北部。海南島少數民族始向漢輸廣幅布等物，與內地經濟、文化交流得以加強。
前 111	漢 元鼎 6	🔵	漢平南越及西南夷，並設郡統轄，促進了中原與南方及西南經濟、文化的聯繫。
前 110	漢 元封元	🔵	史學家司馬談卒。夏陽 (今陝西韓城南) 人，任太史令。他立志撰史，未竟而卒，由其子司馬遷著作《史記》，續成父業。談著有《論六家之要指》，對先秦道、儒、名、法、墨、陰陽六家學說做了概括和評價。
前 109	漢 元封 2	🔵	武帝親至東萊 (今山東掖縣) 海邊迎見神仙。由於武帝崇信神仙方術，此時方士已達萬餘。
前 109	漢 元封 2	🔵	朝鮮王衛右渠阻止臨近部族與漢朝通商，武帝發兵擊朝鮮。
前 108	漢 元封 3	🔵	朝鮮斬其王衛右渠降漢。漢朝設真番、臨屯、樂浪、玄菟四郡。
前 108	漢 元封 3	🔵	長安作角抵戲，周圍三百里民眾前來觀看。漢代泛稱各種樂舞、雜技為角抵戲。

前 107	漢 元封 4	人	目錄學家楊仆約卒於本年或稍晚。奉武帝命為歷代兵書編目整理，撰成《兵錄》。為史載最早的羣書編目。
前 105	漢 元封 6	史	以江都王之女細君為公主，嫁與烏孫昆莫（王）之孫，加強了漢與烏孫的經濟、文化交流。
前 105	漢 元封 6	世	漢使至安息。安息王命人至國境遠迎。不久又遣使臣至長安，獻犁軒（今埃及亞力山大城，當時屬羅馬帝國）眩人（魔術師），能"吞刀吐火"、"屠人截馬"。此為安息首次通漢。 *倒立雜技俑*
前 104	漢 太初元	科	實行由落下閎、鄧平等創製的《太初曆》，以代替誤差日顯的《顓頊曆》。《太初曆》是中國古代第一部比較完整的曆法。
前 104	漢 太初元	人	今文經學家董仲舒卒（公元前 179 —）。他倡導"獨尊儒術"，為漢武帝所採納，使儒學從此成為中國歷代的正統思想。著有《春秋繁露》、《董子文集》等。
前 102	漢 太初 3		北起居延澤西（今甘肅境內），沿額濟納河向西南 250 公里修建烽燧亭障，不僅切斷了匈奴與羌人的聯繫，而且成為河西走廊的屏障，保證了通往西域的交通安全。後世在居延地區發現大量漢簡。
前 102	漢 太初 3	科	漢武帝時，漢地的接連鑿井、井下開暗渠相通的做法傳至大宛，並在西域乾旱地域推廣，促進當地的農業生產。此法延用至今，稱坎兒井。
前 101	漢 太初 4		漢自敦煌西至鹽澤（今新疆羅布泊）修築亭障烽燧，並在輪台（今新疆輪台東）、渠犁（今新疆庫爾勒）等地屯田，置使者校尉領護，保證了"絲綢之路"的暢通。 西域的葡萄、苜蓿、西瓜、石榴等相繼傳入中國。 *甘肅敦煌烽火台遺址*

前 99	漢 天漢 2	文	司馬遷為李陵降匈奴辯護，觸犯武帝而遭腐刑，遂發憤撰述《史記》。
前 97	漢 天漢 4	文	經學家夏侯始昌以《尚書》及《洪範五行傳》授族子夏侯勝，開創西漢今文《尚書》大、小夏侯學。
前 93	漢 太始 4	文	司馬遷作《報任少卿書》，為回覆好友任安的信。信中，司馬遷表達了自己的志向和撰寫《史記》的主旨。
前 93	漢 太始 4	文	文學家東方朔卒（公元前 154 —）。博學多才、詼諧滑稽，善辭賦。後人輯有《東方先生集》。後世《神異經》等小説係偽託其名之作。

| 前 92 | 漢 征和元 | 社 | 丞相公孫賀捕獲陽陵（今陝西西安北）遊俠朱安世。漢初以來，承戰國遺風，俠義仍為時推重，朱家、劇孟、郭解等皆一時名俠。武帝以後任俠之風漸衰。 |

捨己救人的遊俠形象

| 前 90 | 漢 征和 3 | 史 | 史學家司馬遷（公元前 145 —）約卒於本年後。所著《史記》為中國第一部通史；創用紀傳體裁，開創了後世官修國史的體例；對後世文學發展亦有相當影響。 |
| 前 87 | 漢 後元 2 | 樂 | 音樂家李延年約卒於本年。善歌舞，又擅創新曲。曾為《漢郊祀歌》19 章配曲，又仿西域《摩訶兜勒曲》，作新聲 28 解，用於軍中，稱"橫吹曲"。 |

| 前 81 | 漢 始元 6 | 社 | 郡國舉賢良文學 60 餘人來京，與御史大夫桑弘羊辯論鹽鐵專賣政策。宣帝時，桓寬據會議記錄整理為《鹽鐵論》，為研究西漢經濟思想提供了重要資料。 |
| 前 81 | 漢 始元 6 | 社 | 蘇武自匈奴歸漢。蘇武奉命出使匈奴，被拘 19 年，堅持守節不屈，其堅持民族氣節的不屈精神，為後世所推崇。 |

| 前 80 | 漢 元鳳元 | 社 | 桑弘羊（公元前 152 —）因謀廢昭帝、擁立燕王被誅。為西漢傑出的經濟思想家。武帝時，他推行鹽鐵酒類由國家專賣，增加了政府收入，並打擊了富商大賈勢力。 |

齊鐵官印封泥

| 前 71 | 漢 本始 3 | 文 | 因衛太子喜好《春秋穀梁傳》，宣帝於本年或稍後召蔡千秋選郎 |

			十人,以授《穀梁傳》。穀梁學得以復興。
前 62	漢 元康 4		經學家韋賢卒(公元前 143 —)。通今文經《書》、《禮》、《魯論》,創《魯詩》之韋氏學。
前 61	漢 神爵元		辭賦家王褒卒。以辭賦著稱。又有《僮約》記錄了漢代奴僕賣身情況,其中也記載了奴僕去街市購茶,反映了漢代已有飲茶、售茶習俗。
前 60	漢 神爵 2		始設西域都護府,治烏壘(今新疆輪台東),轄西域諸國,對鞏固西域與內地的政治、經濟、文化聯繫和保護商路暢通起了積極作用。
前 55	漢 五鳳 3		經學家梁丘賀約於本年卒。字長翁,從京房學《易》,創今文易學之梁丘學。清人輯有《周易梁丘氏章句》。
前 52	漢 甘露 2		曆算家耿壽昌製成銅鑄渾天儀以觀測天象。還曾刪補《九章算術》。著有《月行帛圖》等,已佚。
前 51	漢 甘露 3		匈奴呼韓邪單于率眾朝漢,宣帝以隆重禮儀接見。此後 60 年間,匈奴與漢和睦相處,胡漢文化進一步交融。
前 51	漢 甘露 3		宣帝以儒家經學異說紛紜,在石渠閣詔諸儒講論五經異同,史稱"石渠閣議"。
前 50	漢 甘露 4		印度佛教已於此時傳入西域,于闐(都城在今新疆和田南)建贊摩寺,為西域最早的佛寺。
前 50	漢 甘露 4		《九章算術》約成書於此時期,它系統總結了先秦以來的數學成就,體現了中國數學在世界上的領先地位。
前 49	漢 黃龍元		經學家孟喜創立的易學"孟氏學派"約於本年立為博士。
前 48	漢 初元元		詔命孔子後裔孔霸以食邑八百戶奉祀孔子,此為孔子後裔奉祀孔子之始。
前 48	漢 初元元		張敞卒。曾有古鼎出於美陽(今陝西扶風東),其上古文款識被張敞一一辨識。此為古代有關金石考古及古文字學的較早記錄。
前 43	漢 永光元		《漢書·五行志》記四月"日黑如仄,大如彈丸",此為對太陽黑子的最早記載。
前 41	漢 永光 3		經學家嚴彭祖約卒於本年。從眭弘學《春秋公羊傳》,創立嚴氏學派。宣帝時立為博士。清人輯有《公羊嚴氏春秋》等。
前 37	漢 建昭 2		經學家京房遭誣被斬(公元前 77 —)。創立易學之京氏學派,元帝時立為博士。著有《京氏易傳》等。
前 33	漢 竟寧元		匈奴呼韓邪單于朝漢求和親。宮人王嬙(字昭君)自請嫁之。

單于和親瓦當

前 26	漢 河平 3	文	漢成帝命徵集天下遺書。劉向主持校閱羣書，撰成《別錄》（今僅存散篇），為中國最早的目錄學著作。此次為中國歷史上第一次大規模、系統整理圖書文獻活動。
前 16	漢 永始元	文	劉向編成《列女傳》奏上。此書成為後世統治者向婦女灌輸倫理道德的重要讀本。
前 8	漢 綏和元	史	封孔子後裔孔吉為殷紹嘉侯，不久又晉升為公爵。此為孔子後裔得封爵之始。
前 8	漢 綏和元	人	劉向卒（公元前 79 —）。治《春秋穀梁傳》，好以陰陽災異推論時政得失。以校理羣書、撰成《別錄》為一生最大成就。著有《列女傳》、《新序》、《說苑》等存世，後人另有輯集。
前 7	漢 綏和 2	科	農學家氾勝之約在此時撰成《氾勝之書》（今存輯本），總結關中一帶的農業生產經驗和技術發明，反映了當時農業科技的水平。
前 7	漢 綏和 2	科	水利家賈讓上《治河策》，為歷史上第一份全面治理黃河的文獻。
前 6	漢 建平元	文	劉歆請立《尚書》、《左傳》等古文經學博士，遭到今文經學博士反對，未能實現。此後今古文之爭又趨激烈。
前 5	漢 建平 2	人	張禹卒。專治《論語》，曾兼取《齊論》、《魯論》之長，編成《論語章句》（又稱《張侯論》），通行於世。從此諸家《論語》漸衰。
前 2	漢 元壽元	宗	博士弟子景盧（或作秦景憲）以口傳心授方式向大月氏使者伊存學《浮屠經》。表明西漢末年，印度佛教已通過"絲綢之路"傳入中國。
前 2	漢 元壽元	人	女文學家班婕妤卒於哀帝時。其名不詳，樓煩（今山西朔縣）人。少有才學。著有《自悼賦》、《搗素賦》等，寫宮中之愁苦鬱悶生活。
1	漢 元始元	史	漢平帝追諡孔子為褒成宣尼公。此為帝王追諡孔子之始。

孔廟

2	漢 元始 2	科	《漢書·地理志》記載，上郡高奴（今陝西延安北）"有洧水，可燃"，為關於石油

的最早記載。西河鴻門（今陝西榆林西北）有"火井祠，火從地出"，為關於天燃氣的較早記載。

3	漢 元始3	教	郡國以下皆立官學。郡國為學，縣、道、邑、侯國為校。學、校各置經師一人。鄉稱庠，聚稱序，各置《孝經》師一人。
4	漢 元始4	史	王莽奏建明堂、辟雍。
4	漢 元始4	文	徵天下通小學家者百餘人，各記辨識之字。揚雄整理成《訓纂篇》（已佚），以續《倉頡篇》。
5	漢 元始5	文	徵天下通知逸經、古記、天文、曆算、鐘律、小學、史篇、方術、本草及以五經、論語、孝經、爾雅教授者至京師，至者數千人。
5	漢 元始5	史	十二月，漢平帝劉衎卒。此時期讖緯之學漸盛行於世。以後王莽篡位、劉秀復漢皆以符瑞讖語相附會。
6	王莽 居攝元	史	王莽立年僅二歲的劉嬰為皇太子，稱孺子嬰，由自己攝政。
7	王莽 居攝2	史	改元曰：居攝。王莽為其篡位進一步創造條件。
8	王莽 居攝3	史	王莽借符瑞代漢稱帝，國號：新，年號：始建國。以十二月朔為始建國元年正月朔。

始建國元年方斗

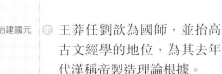

9	新 始建國元	史	王莽任劉歆為國師，並抬高古文經學的地位，為其去年代漢稱帝製造理論根據。
18	新 天鳳5	人	揚雄卒。在文學、哲學、語言學方面皆有成就。提出以"玄"為宇宙萬物根源的觀點。又著《方言》，對西漢各地方言進行研究。另有字書《訓纂篇》。後人輯有《揚子雲集》。
18	新 天鳳5	史	此時街市上已有售書店舖，稱書肆。揚雄《法言》有"好書而不要諸仲尼，書肆也。"
19	新 天鳳6	史	徵募有奇技者以擊匈奴。有人言能騰空飛行以窺敵情。其法為通身附毛羽，以大鳥翮為兩翼，學鳥撲飛，飛翔數百步而墮。此為人類最早的仿生飛行記錄。
23	新 地皇4	人	劉歆以謀誅王莽，事洩自殺。劉向之子。繼承劉向遺業，繼續整理朝廷藏書，將之分成七類，編成《七略》，為中國第一部圖書分類目錄，創七類分法，對中國目錄學發展具有深遠影響。原書已佚，清人有輯本。
25	漢 建武元	史	劉秀即帝位，為東漢光武帝。定都洛陽。
26	漢 建武2	文	立經學博士14家：《易》為施、孟、梁丘、京氏四家；《尚書》為歐陽、大小夏侯三家；《詩》為齊、魯、韓三家；《春秋》為嚴、顏氏二家；《禮》為大、小戴二家。設祭酒一人主持太學。

28	漢 建武 4	文	會集公卿、大夫、博士於雲台，辯論是否立古文《春秋左氏傳》博士。由於今文經學派的激烈反對，古文經學始終未能立於學官。 *東漢儒學講經圖*
29	漢 建武 5	農	此時期，交趾（治今越南河內東）太守錫光、九真（治今越南清化西北）太守任延教導越人掌握先進的耕稼技術，並建立學校，傳播儒學。
31	漢 建武 7	科	南陽太守杜詩，發明水排，即水力鼓風器械，用以鼓鑄鐵器，較歐洲之發明早一千年。
43	漢 建武 19	農	馬援平定交趾之亂後，在當地申明刑律、修治城郭、興修水利，促進了漢越兩地經濟文化的交流。
52	漢 建武 28	文	史學家袁康著成《越絕書》，記春秋吳越二國史事，多採傳聞異說。
54	漢 建武 30	文	史學家班彪卒（3 —）。致力收集漢武帝以後史料，以續司馬遷《史記》，作《後傳》60 餘篇。後其子班固、女班昭在此基礎上撰成《漢書》。
56	漢 中元元	禮	光武帝封禪泰山。於洛陽立七郊（天、地及五帝）、三雍（辟雍、明堂、靈台）及大射等禮儀。上個世紀 60 年代，考古學家對東漢洛陽都城遺址進行發掘，於城南發現辟雍、明堂、靈台之基址。其中靈台為古代最大的天文台遺址。
56	漢 中元元	火	哲學家桓譚卒（公元前 21 —）。博學多通，喜非俗儒。提出"以燭火喻形神"的無神論觀點。著有《新論》29 篇，今僅存《形神篇》。
56	漢 中元元	禮	經學家張純卒。曾為朝廷定郊廟、婚喪禮儀及辟雍、明堂制度。
57	漢 中元 2	外	倭奴國（古日本）王遣使來漢，光武帝贈以印綬，印文為隸體、陰刻"漢委（倭）奴國王"。此印 1784 年於日本九州島福岡縣被發現，為研究日本歷史及中日關係史具有重要價值。
59	漢 永平 2	教	明帝親臨辟雍，行大射、養老等禮。各郡、國、縣、道亦於地方學校行鄉飲酒禮，以祭周公、孔子。以後郡國十月行鄉飲酒禮遂為東漢常制。
62	漢 永平 5	文	班固以私撰國史下獄，得弟班超營救，獲釋。除蘭台令史，命續成《漢書》。
64	漢 永平 7	宗	明帝遣使者蔡愔等往天竺（指古印度），求訪佛法。
65	漢 永平 8	宗	楚王劉英以崇尚佛教齋戒，獻縑帛 30 正自贖罪過，明帝命以之助沙門之盛饌。

| 66 | 漢 永平9 | ◉ | 為外戚樊、郭、陰、馬四姓開立學校，設《五經》師。 |

| 67 | 漢 永平10 | 宗 | 使者蔡愔迎中天竺僧人攝摩騰等歸至洛陽，並馱回一些經卷。 |

| 68 | 漢 永平11 | 宗 | 在洛陽建寺院，以為攝摩騰翻譯佛經、從事佛教活動之所。 |

*中國第一座佛教
寺院白馬寺*

| 70 | 漢 永平13 | 科 | 水利家王景、王吳治理河汴工程竣工。從此八百年黃河無大決口及改道。 |

| 72 | 漢 永平15 | ◉ | 明帝親赴孔子故里，祀祠孔子及 72 弟子。此為孔子弟子配享之始。 |

| 73 | 漢 永平16 | ◉ | 班超再通西域，西域與中原交往中斷 60 餘年後又得恢復。 |

| 74 | 漢 永平17 | 文 | 西南夷白狼、盤木等百餘部落朝貢。白狼王以本族語賦《樂德》、《慕德》、《懷德》詩三首，犍為郡掾由恭將之譯為漢語。此為中國最早的史載翻譯家。 |

| 75 | 漢 永平18 | 宗 | 陽城侯劉峻等出家為僧，又有洛陽婦女阿潘等出家為尼。此為中國早期出家僧人。當時一般百姓不准隨便出家。 |

| 76 | 漢 建初元 | 文 | 經學家賈逵比較《春秋》三傳之優劣，以為《左傳》與讖緯相合，可立博士。漢章帝遂命逵選《公羊傳》高才生 20 人，教以《左氏傳》。 |

| 79 | 漢 建初4 | 文 | 召博士、議郎、儒生等會集白虎觀，講論今、古文兩派經學之異同。會上兩派辯論激烈。今文經學終以章帝支援告勝。會後班固奉命整理紀要，撰成《白虎通義》(亦稱《白虎議奏》、《白虎通》等)，總結並發展了董仲舒以來的今文經學派，對儒學的神學化給予了肯定，鞏固了今文經學派的政治、學術地位。 |

| 83 | 漢 建初8 | 文 | 史學家趙曄約卒於本年。撰《吳越春秋》，記述吳、越史事。於舊史所記外，增入不少民間傳說，可補正史之不足。 |

| 84 | 漢 元和元 | 科 | 郗萌對先秦以來的天體 "宣夜說" 做了進一步闡述，認為天無形質，其高遠亦無止境，日月眾星飄浮空中，皆依賴於氣。此種宇宙觀在宇宙認識史上最接近實際，具有重要意義。 |

| 85 | 漢 元和2 | 科 | 頒行《四分曆》。以歲餘為四分之一日得名。由曆算家李梵、編訢等編訂。 |

| 91 | 漢 永元3 | ◉ | 北匈奴不斷受到漢軍與南匈奴的攻擊，無力抵抗，開始向歐洲西遷。 |

| 92 | 漢 永元4 | ◉ | 史學家班固因竇憲案牽連死於獄中 (32 —)。所撰《漢書》確立了紀傳體斷代史體例，為後世官修史書所沿用。又善為賦、頌， |

有《兩都賦》、《北征頌》等。所撰《白虎通義》在經學史上具有重要地位。後人輯有《班蘭台集》。

| 92 | 漢 永元 4 | 文 | 文學家崔駰卒。字亭伯，涿郡安平（今屬河北）人。著有《達旨》等賦、頌。後人輯有《崔亭伯集》。 |

93 漢 永元 5 ⊕ 規定地方郡國按人口多寡舉孝廉，改變過去一律歲舉 2 人的做法。

94 漢 永元 6 文 經學家丁鴻卒。字孝公，治歐陽《尚書》。在白虎觀會上，鴻論難最明，被譽為"殿中無雙"。

97 漢 永元 9 史 甘英受西域都護班超派遣，出使大秦（羅馬帝國），經安息（今伊朗）抵達條支（在今伊拉克境內），為大海（指今波斯灣）所阻而返。

羅馬玻璃瓶

97 漢 永元 9 ⊕ 撣國（在今緬甸東北）國王遣使來漢，雙方互贈禮品。此為中緬交往的最早記錄。

97 漢 永元 9 人 思想家王充約卒於本年（27 —）。字仲任，會稽上虞（今屬浙江）人。著有《論衡》，以"元氣"為萬物的原始形態，對唯心主義的天人感應、讖緯迷信給予了批判。《論衡》中提到 12 生肖與 12 地支相配合，反映此時已有"十二屬相"風俗。

101 漢 永元 13 ⊕ 經學家賈逵卒（30 —）。字景伯，扶風平陵（今陝西咸陽西北）人。治古文經學，兼通今文經學。為提高古文經學地位做出貢獻。著有《春秋左氏傳解詁》等，僅存輯本。

102 漢 永元 14 ⊕ 班超歸洛陽而卒。班超為漢經營西域三十餘年，使"絲綢之路"復通，促進了西域與中原的聯繫。

105 漢 元興元 科 宦官蔡倫改進造紙技術，製出價格低廉又便於書寫的紙張，世稱"蔡侯紙"。

110 漢 永初 4 文 劉珍及五經博士等受命校理東觀藏書，為劉向之後又一次大規模官藏圖書整理。

110 漢 永初 4 文 班昭撰《女誡》約成於本年。書中強調婦女必須遵從的道德標準和行為規範，為後世統治者所重視。

116 漢 元初 3 文 王逸撰《楚辭章句》約完成於本年，此為最早的《楚辭》完整注本。

118 漢 元初 5 太室闕建成，位於太室山廟前神道中，與同時期建造的少室闕、啟母闕並稱"中嶽漢三闕"（俱在今河南登封嵩山）。三闕皆鐫刻篆、隸銘文及民俗畫像，屬漢代雕刻珍品。

| 120 | 漢 永寧元 | 🔵 | 大秦國（羅馬帝國）幻人（魔術雜技演員）隨撣國使者至洛陽，能為吐火、肢解、易頭、跳丸等表演。 |

西域車師等國依附北匈奴、攻擾河西，漢朝初擬棄西域，由於班超之子班勇等反對，乃以勇為西域長史，再通西域。自建武以來，西域與中原三絕三通。 —— 123 漢 延光 2

太學房舍多壞，生徒懈怠。遂於本年在都城洛陽營建太學 240 棟、房舍 1850 間。 —— 131 漢 永建 6

增廣察舉名額，並規定郡國選舉孝廉之標準。 —— 132 漢 陽嘉元

132　漢 陽嘉元　🔬　張衡製出世界最早的地動儀，能測定較強地震的方位，比外國地震儀早 1700 多年。

地動儀

135　漢 陽嘉 4　🔵　謝廉、趙建年僅十二，因能通經，舉為童郎。此為童子任郎之始見。

136　漢 永和元　🔵　伏無忌、黃景等受命校理宮內收藏的五經及諸子等圖書。

138　漢 永和 3　🔬　張衡創製的地動儀成功地測到金城、隴西的大地震。

139　漢 永和 4　🔵　天文學家張衡卒（78 —）。字平子，南陽西鄂（今河南南陽東北）人。精通天文曆算，創製了世界最早的地動儀和渾天儀。在天文著作《靈憲》中，第一次正確解釋了月食的成因，並提出了宇宙的無限性。又擅長詩賦，後人輯有《張河間集》。

141　漢 永和 6　🔴　張陵（又稱張道陵）在蜀郡鵠鳴山（今四川大邑）創立五斗米道。奉老子為教主，以符水咒法為人治病。

143　漢 漢安 2　🔵　馬續卒。字季則，扶風茂陵（今陝西興平東北）人。精通《九章算術》，曾奉命與班昭補《漢書·天文志》。

143　漢 漢安 2　🔵　崔瑗卒（78 —）。字子玉，涿郡安平（今屬河北）人。擅章草，對當時書法影響較大。著有《草書勢》。後人編有《崔瑗集》。

144　漢 建康元　🔴　于吉向宮崇傳授《太平清領書》，可視為太平道活動之始。

146　漢 本初元　🔵　命郡國薦舉明經赴太學，自大將軍以下至六百石皆遣子受經，並依課試成績給予賞賜、仕進。

147　漢 建和元　🔵　山東嘉祥縣武宅山村東漢武氏祠畫像石自本年開始刊刻，前後營造數十年。其中以武梁祠畫像石最為著名。

東漢武氏祠畫像石

| 147 | 漢 建和元 | ⊛ | 文字學家許慎約卒於本年。編撰《説文解字》，為中國第一部分析字形、考究字源的字典。還著有《五經異義》，已佚。 |

147　漢 建和元　⊛　文字學家許慎約卒於本年。編撰《説文解字》，為中國第一部分析字形、考究字源的字典。還著有《五經異義》，已佚。

147　漢 建和元　⊛　月氏國僧人支讖來洛陽，第一次把印度大乘佛教般若學説傳到中國來，並翻譯《般若道行經》等 14 部佛經。

148　漢 建和 2　⊛　安息僧人安世高經西域來洛陽，傳佈小乘佛教及禪定理論，並翻譯小乘佛經 35 部。

165　漢 延熹 8　⊛　桓帝命中常侍左悺赴苦縣（今河南鹿邑）祭祀老子。此為帝王祀祠老子之始。

老子像

166　漢 延熹 9　⊛　司隸校尉李膺、太尉陳蕃與太學生郭泰、賈彪等議論時政，抨擊宦官專權。宦官則以 "誹訕朝廷" 相誣。桓帝下令逮捕李膺等二百多名 "黨人"，史稱第一次 "黨錮之禍"。

166　漢 延熹 9　⊛　有大秦國王（羅馬皇帝）安敦所遣使者自日南郡（治今越南廣治西北）登陸至洛陽，贈以象牙、犀角等禮品。此事羅馬史書無載，或謂羅馬商人自稱使者，然終為中國與歐洲國家的直接交往。

166　漢 延熹 9　⊛　經學家馬融卒（79 —）。字季長，扶風茂陵人。注《論語》、毛《詩》等多部經書，推動古文經學的發展。同時兼注《老子》、《淮南子》。對魏晉清談有一定影響。後人輯有《馬季長集》。

167　漢 永康元　⊛　思想家王符卒。他肯定氣為萬物本源，強調發展農業才是富國之本。著有《潛夫論》。

167　漢 永康元　⊛　《古詩十九首》約產生於桓、靈之際。作者多為下層文人，非一人一時之作，語言樸素，感情真切，在五言詩的發展中佔有重要地位。

167　漢 永康元　⊛　畫家劉褒於桓、靈帝時以繪畫聞名。繪有《北風圖》、《雲漢圖》等，人譽之：見而知涼熱。與張衡、趙岐、蔡邕並稱東漢四大畫家。

168　漢 建寧元　⊛　張角約於此時期傳佈太平道，以《太平經》為指導思想，在青、徐、幽、冀等八州廣收弟子，聯絡民眾達數十萬人。

| 169 | 漢 建寧2 | ☉ | 靈帝在宦官挾持下收捕李膺等百餘人，下獄處死，又陸續殺死、流徙所謂黨人六七百人。此為第二次黨錮之禍。 |

| 170 | 漢 建寧3 | ☉ | 政論家崔寔約卒於本年。著有《政論》，對時政弊端加以抨擊。又著《四民月令》，逐月記述士、農、工、商的生產和生活情況。二書僅有輯本。 |

| 175 | 漢 熹平4 | ☉ | 太學門外立46石碑，以隸書刻《尚書》、《周易》等七經，史稱《熹平石經》，為中國最早的官定儒經讀本，也是古代石刻經書之始。 |

| 178 | 漢 光和元 | ☉ | 在洛陽鴻都門設立專門學校，專習辭賦書畫。學成後授予官職。 |

| 179 | 漢 光和2 | ☉ | 經學家何休卒（129 —）。為《公羊傳》制定"義例"，系統闡發《春秋》中的"微言大義"，成為今文經學家議政的主要依據。注有《論語》、《孝經》。 |

| 185 | 漢 中平2 | ☉ | 《後漢書·天文志》載，十月"客星出南門中，大如半筵，五色喜怒，稍小。至後年六月消"。此為世界上最早的準確完整的記錄超新星。 |

| 185 | 漢 中平2 | ☉ | 《曹全碑》刻成。曹全曾為合陽（今陝西合陽東南）縣令，碑文記其家世和事跡。以隸體書之，清麗秀逸，屬漢隸名碑。此碑於明朝萬曆時出土於合陽。 |

| 186 | 漢 中平3 | ☉ | 《張遷碑》刻成。碑文記述張遷為穀城（今山東平陰）長時的政績，以隸體書寫，樸厚勁媚，屬漢隸名碑。 |

| 189 | 漢 永漢元 | ☉ | 由於靈帝喜好，宮中盛行胡服、胡牀、胡飯、胡箜篌、胡樂舞等，京師貴戚競相效仿。促進了中原地區對少數民族文化的吸取。 |

| 190 | 漢 初平元 | ☉ | 董卓挾持漢獻帝遷都長安，洛陽的古建築及宮中收藏的眾多圖書皆付之一炬。 |

| 191 | 漢 初平2 | ☉ | 五斗米道首領、張陵之孫張魯入據漢中，建立政教合一的政權達20餘年。 |

| 192 | 漢 初平3 | ☉ | 學者蔡邕卒（132 —）。字伯喈，陳留圉縣（今河南杞縣南）人。通經史、天文、音律。修撰史志《東觀漢記》等。書法以隸書著稱，著有《篆勢》、《隸勢》。長於人物繪畫。曾製焦尾琴，著《琴操》。原有《蔡中郎集》，已佚，後人有輯本。 |

| 192 | 漢 初平3 | ☉ | 書法家張芝卒。字伯英，敦煌酒泉（今屬甘肅）人。擅長章草，後省減筆畫，創為"今草"。被時人譽為草聖，對晉之二王草書頗有影響。 |

| 192 | 漢 初平3 | ☉ | 經學家服虔約卒於本年後。初名重，又名祇，字子慎，河南滎陽（今屬河南）人。治古文經學，著有《春秋左氏傳解誼》，已佚。 |

| 194 | 漢 興平元 | ☉ | 中國最早的佛學論著《理惑論》（亦稱《牟子理惑論》）約成書於此時期。書中針對佛教傳入中國後在社會上引起的各種反響、疑難 |

給予解答和批駁，廣引孔子、老子論點為佛教辯護。

| 195 | 漢 興平 2 | 許劭卒（150—）。字子將，汝南平輿（今屬河南）人。與兄許靖喜好品評鄉黨人物，每月更換品題，時稱"月旦評"。對東漢末年鄉閭評議之風起了推動作用。 |

| 200 | 漢 建安 5 | 經學家鄭玄卒（127—）。字康成，北海高密（今屬山東）人。以治古文經學為主，兼採今文經説，結束了兩漢以來的今、古文經學之爭。對整理古代文獻頗有貢獻。 |

| 201 | 漢 建安 6 | 經學家趙岐卒（約 108—）。字邠卿，京兆長陵（今陝西咸陽東北）人。撰有《孟子章句》傳世。又擅長人物畫。 |

| 207 | 漢 建安 12 | 女詩人蔡琰（文姬）約在此時被曹操從南匈奴贖歸，整理其父蔡邕之遺著。 |

《文姬歸漢圖》中
的蔡文姬

| 208 | 漢 建安 13 | 文學家孔融被曹操所殺（153—）。建安七子之一。後人輯有《孔北海集》。 |

| 208 | 漢 建安 13 | 醫學家華陀被曹操所殺。華陀精通醫術，曾成功地施用麻醉藥物進行手術，在世界外科麻醉史上佔有重要地位。創五禽戲作為醫療保健體操。所著醫書已佚。 |

| 209 | 漢 建安 14 | 學者荀悅卒（148—）。字仲豫，潁川潁陰（今河南許昌）人。曾著《申鑒》5 篇，批判讖緯神學，反對土地兼併，為漢末重要思想論著。又以《漢書》繁重，改為編年體裁，撰成《漢紀》。 |

| 210 | 漢 建安 15 | 曹操初下"唯才是舉"令，敦促選拔人才。 |

| 212 | 漢 建安 17 | 文學家阮瑀卒（165—）。建安七子之一。其作品留存很少，以《駕出北郭門行》著名。 |

| 214 | 漢 建安 19 | 曹操下《敕有司取士毋廢偏短》令，提出對人才的品行不該求全責備的思想。 |

| 217 | 漢 建安 22 | 曹操再下《舉賢勿拘品行》令，強調選人勿拘操行。 |

| 217 | 漢 建安 22 | 文學家徐幹卒（170—）。建安七子之一。著有《中論》、《室思》、《西征賦》。後人輯有《徐偉長集》。 |

| 217 | 漢 建安 22 | 文學家王粲卒（177—）。建安七子中最負盛名。其《七哀詩》、《從軍行》等皆為名作。後人輯有《王侍中集》。 |

| 217 | 漢 建安 22 | 文學家陳琳卒（160—）。建安七子之一。詩歌僅存四篇，以《飲 |

馬長城窟行》最為著名。後人輯有《陳記室集》。

| 217 | 漢 建安 22 | 人 | 文學家劉楨卒 (約 170 —)。建安七子之一。其五言詩成就最大。後人輯有《劉公幹集》。 |

217　漢 建安 22　人　文學家劉楨卒 (約 170 —)。建安七子之一。其五言詩成就最大。後人輯有《劉公幹集》。

217　漢 建安 22　人　文學家應瑒卒。建安七子之一。傳世作品不多。後人輯有《應德璉集》。

217　漢 建安 22　文　高誘著成《淮南子注》(今與許慎注相雜)，又有《戰國策注》(今殘)。

219　漢 建安 24　人　蜀漢名將關羽被東吳軍擒殺。

山西運城常平關羽故里碑

219　漢 建安 24　人　學者應劭約卒於本年。著有《漢官儀》、《風俗通》等，保存了漢代的禮儀風俗。所著《漢書集解音義》多為唐顏師古註《漢書》所徵引。

219　漢 建安 24　人　醫學家張仲景約卒於本年。他總結前人醫療經驗，提出辨證施治的若干原則，對中國傳統醫學發展具有重大貢獻。其著作輾轉流散，後人整理成《傷寒論》和《金匱要略》兩書。

東漢 末　科　書法家左伯改進造紙方法，應用研光工藝，使所造之紙輝光精美，時稱"左伯紙"。

史　東漢後期已流行樗蒲、格五、六博、意錢、彈棋等博戲，漢魏以後愈盛。

黑漆朱繪博戲用具

宗　東漢末有道士左慈，字元放，廬江 (今屬安徽) 人。以煉丹術授徒，傳授《太清丹經》等。

宗　東漢末年，煉丹術家魏伯陽著成《周易參同契》，用《周易》爻象論述作丹之意，為道教丹鼎派奠定了理論基礎。

文　樂府民歌在兩漢文學史上有重要地位，並對以後詩歌的發展產生深遠影響。漢魏之間流傳的長篇敘事詩《孔雀東南飛》更是其中的傑出作品，後世無論詩歌、小説、戲劇、説唱等文學作品，都從中吸取了思想藝術營養。

| 220 | 魏 黃初元 | 🅐 | 曹操卒 (155 —)。善用兵，統一北方。其詩歌亦有成就，為建安文學之代表。今人編其遺著有《曹操集》。 |

曹操像

220	魏 黃初元	🅟	曹丕採納尚書陳羣建議，實行九品官人法，各郡置中正官品評人物，人分九等，以選人任官。
220	魏 黃初元	🅕	曹丕命王象等將經傳依類編輯，合 40 餘部，名曰《皇覽》(已佚)，此為中國類書之始。
220	魏 黃初元	🅐	思想家仲長統卒 (180 —)。著有《昌言》，強調"人事為本"，對讖緯迷信給予批判。
221	魏 黃初 2	🅟	魏封孔子後裔為宗聖侯，修造孔子舊廟。
221	魏 黃初 2	🅕	魏書法家邯鄲淳補修熹平石經。數年後卒。撰有《笑林》，為中國最早的笑話專書。原書已佚，今存 20 餘則。
224	魏 黃初 5	🅔	魏置太學，定五經課試之法。置《春秋穀梁》博士。
225	吳 黃武 4	🅟	扶南 (今柬埔寨) 使臣至吳，贈以琉璃等物。
226	魏 黃初 7	🅐	魏文帝曹丕卒。曹操次子。為建安文學代表之一，其《燕歌行》是文人七言詩中最早的優秀之作。又著《典論》(今有輯本)，是中國文學批評的重要著作。
226	吳 黃武 5	🅟	吳交州刺史呂岱遣康泰、朱應出使扶南等國。歸來後，泰著《吳時外國傳》、應著《扶南異物志》(均佚)。此為今所知古代最早的外國行記。以後又互遣使臣往來。
229	魏 太和 3	🅟	魏詔刑律用鄭玄章句，置律博士。又命陳羣等刪減漢法，制定新律百八十餘篇。
230	魏 太和 4	🅕	魏詔郎吏學通一經，並經課試通過者，方得授職。
230	魏 太和 4	🅐	魏書法家鍾繇卒 (151 —)。其書法兼善各體，尤工隸、楷。與晉王羲之並稱"鍾王"。真跡不傳，有晉唐摹本。
230	吳 黃龍 2	🅟	吳命衛溫、諸葛直率甲士萬人浮海求夷洲 (今台灣)。
231	吳 黃龍 3	🅟	吳衛溫、諸葛直至夷洲，載其數千人還。
231	蜀漢 建興 9	🅟	蜀諸葛亮出祁山攻魏，以木牛流馬運糧。木牛流馬為獨輪車、快舟一類輕便運貨車船。
232	魏 太和 6	🅕	魏博士張揖著《廣雅》，以增廣《爾雅》所未備，故名，對研究古代詞語與訓詁學有重要價值。

232	魏 太和 6	魏詩人曹植卒（192 —）。建安文學傑出代表。其詩多五言，對五言詩的發展頗有影響。並善辭賦。宋人輯有《曹子建集》。

《洛神賦圖卷》中的曹植

234	蜀漢 建興 12	諸葛亮卒（181 —）。傑出政治、軍事家，幫助劉備建立蜀漢，確立三國鼎立之勢。後人輯有《諸葛亮集》。
235	魏 青龍 3	魏機械製造家馬鈞創製翻車（龍骨水車）、改造絲綾機等，提高生產效率數倍。又發明用於攻城的輪轉式發石機及指南車、水轉百戲等。時人稱為"天下之名巧"。

翻車汲水圖

237	魏 景初元	魏頒行由楊偉所修《景初曆》，一直沿用至南朝宋時。提出了推算日食食分和虧起方位的方法。
238	魏 景初 2	倭（今日本）女王卑彌呼遣使來魏，互贈禮物。魏封卑彌呼為"親魏倭王"。以後又互遣使臣往來。
241	魏 正始 2	魏以古文、小篆、漢隸三種字體刊刻石經，稱三體石經，亦稱正始石經。似只刻了《尚書》、《春秋》及部分《左傳》。碑原立於洛陽太學西側，已毀。宋以後常有殘石出土。

正始石經拓本（局部）

244	吳 赤烏 7	吳道士葛玄卒（164 —）。葛洪從祖父。從左慈學道，受太清、九鼎等《丹經》。於閣皂山（在今江西清江）修煉。道教尊為葛仙翁。

245	魏 正始6	人	魏學者劉劭約卒於本年。所著《人物志》對選拔人才問題作有論述。
247	吳 赤烏10	宗	康居國僧人康僧會抵吳建業(今江蘇南京市)。在吳譯註佛經《六度集》等,推動佛教在江南的發展。
249	魏 嘉平元	人	魏玄學家何晏為司馬懿所殺(190 —)。好老莊,宣揚儒家名教本於自然,與王弼等倡導玄學。著有《道德論》、《論語集解》等。
249	魏 嘉平元	人	魏玄學家王弼卒(226 —)。好談儒道,宣揚"貴無"思想,與何晏等共開玄學清談風氣。著有《周易注》、《老子注》等。
256	魏 甘露元	人	魏經學家王肅卒(195 —)。曾綜合今、古文經學派,遍注羣經,與鄭玄立異。
258	吳 永安元	教	吳置學官,立五經博士,令將吏子弟受業,每年課試。
262	蜀漢 景耀5	科	蜀人蒲元善淬鋼,已掌握不同水質對淬火會有不同效果。相傳諸葛亮所造木牛流馬出於蒲元設計。
263	魏 景元4	人	思想家、文學家嵇康被司馬昭所殺(224 —)。擅長四言詩,為建安文學代表之一。並通樂理。有《嵇中散集》。
263	魏 景元4	人	思想家、文學家阮籍卒(210 —)。長於五言詩,建安文學代表之一。明人輯有《阮步兵集》。

阮籍像

263	魏 景元4	科	數學家劉徽注成《九章算術》,其中提出許多創見,如用割圓術計算圓周率的設想、含有極限觀念等。
264	魏 咸熙元	史	魏司馬昭使荀顗定禮儀、賈充正法律、裴秀議官制,鄭沖總裁之。又建五等爵制。
265	晉 泰始元	政	司馬炎篡位稱帝,國號晉。曹魏亡。
265	晉 泰始元	科	數學家趙爽註《周髀算經》,並著《勾股圓方圖注》,以幾何證明畢氏定理等。
267	晉 泰始3	史	晉改封孔子後裔宗聖侯為奉聖亭侯。
270	晉 泰始6	人	史學家譙周卒(201 —)。著有《蜀本紀》等,已佚。又有《古史考》,搜輯古籍以補《史記》所載先秦史事之缺,具有參考價值,今有輯本。
271	晉 泰始7	人	地圖學家裴秀卒(224 —)。字季彥,河東聞喜(今屬山西)人。繪有歷史地圖和晉地圖,均佚。今存其《禹貢地域圖序》,提出

製圖諸原則，對後世影響深遠。

272	晉 泰始 8	思想家向秀卒。竹林七賢之一，主張"名教即自然"，調和儒道之間的矛盾。擅詩賦，以《思舊賦》最著名。 向秀像
273	吳 鳳凰 2	吳學者韋曜被殺（204—）。著有《漢書音義》、《博弈論》等。吳帝宴會，常強羣臣飲酒，曜則以茶代酒，可見當時飲茶已為常事。
276	吳 天璽元	吳立《天發神讖碑》（又名《吳天璽紀功碑》）。吳末帝為應"天命歸吳"讖語而刻此石。字用隸書筆法作篆體，方整雄強，俗稱雞爪篆。碑毀於清嘉慶時，今存拓本。
276	晉 咸寧 2	晉置太學。又立國子學，以貴胄子弟教之。
278	晉 咸寧 4	晉立《晉三臨辟雍碑》，以記晉武帝三臨辟雍及皇太子再蒞辟雍之盛德。此碑於 1931 年在河南偃師縣東大郊村發現，為現存晉碑最大、最完好的一座。
278	晉 咸寧 4	哲學家、文學家傅玄卒（217—）。字休奕，北地泥陽（今陝西耀縣東南）人。才學廣博，認為自然界即由氣的運動而構成。又精通音律，擅長樂府詩。著有《傅子》，今存輯本。
279	晉 咸寧 5	晉汲郡（今河南汲縣）人不准盜掘戰國魏襄王（或言安釐王）墓，得竹簡書籍數十車，包括《竹書紀年》、《穆天子傳》等。
280	晉 太康元	晉軍渡江攻克建業，吳亡，三國時期結束。晉得吳民五十餘萬戶。1996 年考古學家於湖南長沙走馬樓發掘東吳簡冊十餘萬枚，大多為吳時戶籍簿錄、官府文書等，對了解孫吳的社會經濟、職官制度、文書形制及社會生活等都具有重要價值。
282	晉 太康 3	醫學家皇甫謐卒（216—）。總結了晉以前針灸學成就，撰成《針灸甲乙經》，為現存最早的針灸學專著。又著有《帝王世紀》等。
282	晉 太康 3	醫學家王叔和於此時期精研脈診，著成《脈經》，為現存最早的脈學專著。
284	晉 太康 5	劉毅上疏批評九品中正制有"八損"，建議廢除。晉武帝未採納。
284	晉 太康 5	經學家杜預卒（222—）。撰有《春秋左氏經傳集解》，是今所見《左傳》最早的批注。

三國時期

晉
220—280

265—420

| 287 | 晉 太康 8 | 文學家李密卒（224 —）。以所撰《陳情表》而著稱。 |

| 289 | 晉 太康 10 | 學者荀勗卒。曾與張華依《別錄》整理典籍。將典籍按經、子、史、集四類編為甲、乙、丙、丁四部，開創了古代圖書的四部分類法。又曾考定律呂。 |

| 297 | 晉 元康 7 | 史學家陳壽卒（233 —）。晉滅吳後，收集三國時官私著作，著成《三國誌》。書以三國並列，亦屬創例。
宋刻本《三國誌》 |

宋刻本《三國誌》

| 300 | 晉 永康元 | 文學家張華卒（232 —）。著有《博物志》，記載異境奇物、神仙方術等。其中關於西北地區石油、天然氣的記載頗有資料價值。今存輯本。 |

| 300 | 晉 永康元 | 思想家裴頠卒（267 —）。認為無不能生有，撰《崇有論》以駁何晏、王弼之貴無論。 |

| 300 | 晉 永康元 | 文學家潘岳被殺。以詩賦見長，與陸機齊名，但文辭華靡。其《悼亡詩》較有名。 |

| 300 | 晉 永康元 | 女文學家左棻卒（約 255 —）。左思之妹，善作文，今存其詩、賦、頌、誄等 20 餘篇，大都為應詔之作。 |

| 303 | 晉 太安 2 | 文學家陸機、陸雲被殺。陸機（261 —），善用駢麗排偶，對六朝駢文頗有影響。陸雲（262 —），文才與兄齊名，時稱"二陸"。
陸機《平復帖》（局部） |

陸機《平復帖》
（局部）

| 305 | 晉 永興 2 | 文學家左思約卒於本年。以其《三都賦》得名，時人競相傳抄，洛陽為之紙貴。其《詠史》詩成就更大。後人輯有《左太沖集》。 |

| 305 | 晉 永興2 | 人 | 文學家束晢約卒於本年。因《詩經‧小雅》中有 6 篇亡其辭,乃予補作,稱《補亡詩》。又精通古文字,曾對汲塚竹書作考釋辨析。 |

305　晉 永興2　⊙　文學家束晢約卒於本年。因《詩經‧小雅》中有 6 篇亡其辭,乃予補作,稱《補亡詩》。又精通古文字,曾對汲塚竹書作考釋辨析。

306　晉 光熙元　宗　道士王浮與僧人辯論,藉東漢傳聞"或言老子入夷狄為浮屠"一語敷演成《老子化胡經》,謂老子西遊天竺教化胡人,改名釋迦牟尼,以此揚道貶佛。原書已佚。近世於敦煌發現殘卷本。

306　晉 光熙元　人　植物學家嵇含卒 (263 —)。著有《南方草木狀》,記載中國南方及越南的植被情況,為現存最早的地方植物學文獻。

306　晉 光熙元　人　史學家司馬彪約卒於本年。所著《續漢書》記述東漢史事,今僅存八志。北宋以後,因范曄《後漢書》無志,遂將兩書配合刊印。

310　晉 永嘉4　人　文學家張載約於本年卒。與弟協、亢俱以文學著名,時稱"三張"。其詩頗重詞藻修飾。明人有輯集。

310　晉 永嘉4　人　文學家摯虞卒。曾將古代文章分類編集,成《文章流別集》,為中國最早的文學總集。並撰《文章流別志論》,對各類文章加以評論。

311　晉 永嘉5　人　文學家潘尼約卒於本年。與叔潘岳以文學齊名,時稱"兩潘"。其詩注重詞藻修飾,多應酬贈答之作。後人有輯集。

312　晉 永嘉6　人　思想家郭象卒 (252 —)。好老莊、善清淡。曾將向秀《莊子注》述而廣之,另成一書。否定無能生有,對當時的"貴無"思想給予批駁。

317　晉 建武元　政　晉室司馬睿在建康稱晉王,次年正式稱帝,史稱東晉。

317　晉 建武元　文　東晉豫章內史梅賾獻偽《古文尚書》及偽《尚書孔氏傳》,並立於學官。

318　晉 太興元　教　晉先是以世遭離亂,對州郡所舉秀才、孝廉不試而用,以慰人心。本年詔令所舉秀孝須試經策。

318　晉 太興元　教　石勒於襄國(今河北邢台西南)四門增置宣文、宣教、崇儒等十數所小學,使將佐豪右子弟百餘人入學。

318　晉 太興元　宗　道士范長生卒。以天師道首領居青城山。後曾為成漢丞相。

320　前趙 光初3　教　匈奴人劉曜所建前趙,於本年在國都長安立太學和小學,選百姓青少年千餘人入學。

321　晉 太興4　教　晉封鮮卑慕容廆為遼東公。廆建東庠學舍,令世子皝與諸生同學經籍,廆亦常往聽講。

322　晉 永昌元　人　晉學者王廙卒 (276 —)。博才能文,又擅音樂、射御、博弈、雜伎等。著有《中興賦》。

322　晉 永昌元　人　史學家、文學家干寶於晉元帝時領修國史。著《晉紀》,今僅存《總論》。又撰《搜神記》,多記神靈怪異故事,為當時著名的誌怪小說。

324　晉 太寧2　人　晉文學家郭璞被殺 (276 —)。博學,好古文奇字,著有《爾雅注》、《爾雅音》、《爾雅圖》等。明人輯有《郭弘農集》。

325　晉 太寧 3　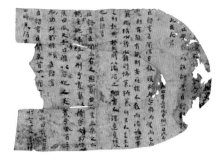文　目錄學家李充時任大著作郎，因典籍混亂，遂在西晉荀勗分類基礎上，分作經、史、子、詩賦四部加以整理。中國圖書目錄以經、史、子、集分部，實始於此。

326　後趙 石勒 8　教　後趙確定九流，始立秀才、孝廉試經之制。

選拔秀才對策文
（局部）

330　晉 咸和 5　科　晉天文學家虞喜約於本年發現“歲差”，為中國天文史上重要發現。歲差即指地球自轉軸方向每年出現變化。

332　後趙 建平 3　教　後趙命郡國立學官，各置博士祭酒二人，弟子百五十人。

335　後趙 建武元　宗　後趙石勒禮敬佛圖澄，廣建寺廟，許百姓出家，佛教大為盛行。佛圖澄，西域人，西晉時來中國。

337　晉 咸康 3　教　晉立太學，徵召生徒，欲振興儒術，然老莊之學仍盛傳於世。

338　成漢 漢興元　史　成漢鑄造“漢興”錢，為中國最早的年號錢。

339　後趙 建武 5　教　後趙令郡國立五經博士，並置國子博士、助教。

345　前燕 慕容皝 12　教　前燕慕容皝賜大臣子弟為官學生，號高門生。又立東庠於舊宮，以行鄉飲之禮。親撰《太上章》以代《急就章》。

347　晉 永和 3　文　史學家常璩撰《華陽國志》，記巴蜀歷史。常璩，字道將，蜀郡江原（今四川崇慶）人。

352　晉 永和 8　教　晉殷浩以北伐罷太學生徒，學校遂廢。

361　前秦 甘露 3　教　前秦廣建學宮，召郡國通經學生及公卿子孫入學受業。符堅親臨太學考第學生經義。

363　晉 興寧元　史　羅馬使者經西域抵建康，東晉亦遣使報聘。

鎏金銀瓶

364　晉 興寧 2　人　道教理論家、醫學家、煉丹術家葛洪卒（284 —）。著有《抱朴子》，講神仙方術、煉丹術等。所著《金匱藥方》中提到天花，為世界最早的有關記載。

366　前秦 建元 2　宗　前秦僧人樂於敦煌鑿窟、鐫造佛像，為莫高窟開鑿之始。

敦煌莫高窟內景

372	前秦 建元 8	宗	前秦遣使及僧人送佛像、佛經至高句麗。佛教從此傳入朝鮮半島。
374	晉 寧康 2	人	道士許遜卒（239 —）。宋朝時封為真君，世稱許真君或許旌陽。
375	前秦 建元 11	思	前秦詔令尊孔崇儒，禁老莊、圖讖之學。
376	晉 太元元	人	學者袁宏卒（328 —）。因不滿當時已出的幾種《後漢書》，遂著《後漢記》。又著有《竹林名士傳》、《東征賦》等。
379	晉 太元 4	藝	晉書法家王羲之卒（321 — 379 或 303 — 361）。工書法，尤擅正、行，字勢強雄多變，世譽為"書聖"。真跡無存，有唐人摹帖傳世。

王羲之《姨母帖卷》
（局部）

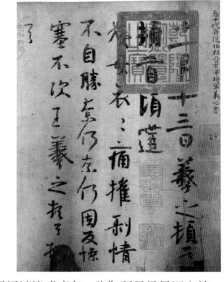

380	前秦 建元 16	文	前秦女詩人蘇惠作《璿璣圖》（又稱《迴文旋圖詩》），題詩二百餘首，首尾誦讀皆成章句。此為所見最早迴文詩。
384	前秦 建元 20	人	前秦史學家習鑿齒卒。著有《漢晉春秋》，記述東漢至西晉末歷史，而對三國時期則以蜀漢為正統。今有輯本。
385	晉 太元 10	人	僧道安卒（314 —）。編成《綜理眾經目錄》，為最早的漢譯佛經目錄。
386	晉 太元 11	藝	晉書法家王獻之卒（344 —）。擅行、草，與父王羲之齊名。世存墨跡有行書《鴨頭丸帖》等。
388	晉 太元 13	文	晉秘書郎徐廣校秘閣所藏典籍，達 3600 卷。
390	後秦 建初 5	人	方士王嘉約於此時被後秦姚萇所殺。著有《拾遺記》，記自上古伏羲至東晉各代異聞，為六朝誌怪小說代表之一。

| 396 | 晉 太元 21 | ⚑ | 晉學者、藝術家戴逵卒（約 325 —）。善繪畫雕塑，曾為建康瓦棺寺塑五世佛，時人與顧愷之的壁畫《維摩詰像》、獅子國（今斯里蘭卡）所送玉佛並稱"三絕"。 |

401　晉 隆安 5　　晉經學家范寧卒（339 —）。撰《春秋穀梁傳集解》，為今存《穀梁傳》的最早注本。

402　晉 元興元　　白蓮社立。時名僧多聚廬山。慧遠於廬山東林寺宣揚彌陀淨土法門，又掘池植白蓮，稱"白蓮社"，參加者百餘人。後世淨土宗奉慧遠為初祖。

顧愷之《女史箴圖》局部（摹本）

402　晉 元興元　　晉畫家顧愷之卒（314 —，或說約 345 — 406 年）。著有《畫論》，為中國較早的論畫專著。現存唐人所摹《女史箴圖》。

405　晉 義熙元　　《爨寶子碑》立於本年。碑在今雲南曲靖，清乾隆年間出土。碑文書體在隸楷之間，可作為漢字書體演變之實物資料。

413　後秦 弘始 15　　佛經翻譯家鳩摩羅什卒（343 —）。致力於佛經翻譯，使印度大乘佛教經典初具規模。

419　晉 元熙元　　晉學者陸翽著《鄴中記》，記後趙石勒、石虎事。今存輯本。

419　晉 元熙元　　晉學者呂忱依《說文解字》部首撰《字林》一書，以增補《說文》所未備者。今存輯本。

419　晉 元熙元　　晉學者張湛作《列子注》，序中自稱於親戚家得《列子》多篇，參校有無，始得全備。因此或以為今本《列子》可能為其偽託編撰。

422　宋 永初 3　　著名高僧法顯約卒於本年（約 337 —）。西行求法至古印度，並著《佛國記》，記述旅途見聞，為研究南亞次大陸古代史地的重要資料。

425　北魏 始光 2　　北魏因篆隸草楷書傳寫失真，初造新字千餘頒行。可見北魏通行漢字，非鮮卑字。

427　宋 元嘉 4　　著名詩人陶淵明卒（365 或 376 —）。詩文語言質樸自然，不事雕琢，對後世詩歌影響深遠。今有《陶淵明集》。

433	宋 元嘉 10	㊟	詩人謝靈運被殺（385 —）。善於詩中描繪山水風光，開創山水詩派。曾整理朝廷秘閣藏書，撰《四部書目》，已佚。
438	宋 元嘉 15	文	徵學者雷次宗至建康，開館講授儒家經學。又使何尚之立玄學、何承天立史學、謝元立文學，共置四學。
443	宋 元嘉 20	㊟	畫家宗炳卒（375 —）。著《畫山水序》，提出"暢神"之說，發展了中國繪畫理論。
444	宋 元嘉 21	㊟	文學家劉義慶卒（403 —）。撰《世說新語》，記述晉代士大夫之言行軼事，對後世筆記小說亦有深遠影響。
445	宋 元嘉 22	㊟	史學家范曄被殺（398 —）。參考各家有關東漢史籍，撰成《後漢書》。
446	北魏 太平真君 7	㊟	北魏太武帝詔令諸州禁佛教、坑僧人、毀寺塔、焚經像。此為歷史上三武（北魏太武帝、北周武帝、唐武宗）一宗（後周世宗）滅佛之始。
447	宋 元嘉 24	㊟	天文學家何承天卒（370 —）。著《報應問》、《達性論》，批駁佛教的神不滅論和因果報應思想。
448	北魏 太平真君 9	㊟	北魏道士寇謙之卒（365 —）。在平城（北魏國都，今山西大同）建立天師道場，制訂樂章、誦戒新法。
451	宋 元嘉 28	㊟	史學家裴松之卒（372 —）。為《三國志》作注，保存大量史料，開創了作註新例。
452	北魏 興安元	㊟	北魏文成帝恢復佛教，准許各地建佛寺，並許平民出家為僧。
460	北魏 和平元	㊟	雲岡石窟（今山西大同）約開鑿於本年。現存洞窟五十多個，造像五萬餘尊。

雲岡石窟第 20 窟
釋迦牟尼坐像

| 463 | 宋 大明 7 | ㊟ | 曆算家祖沖之撰成《大明曆》上奏朝廷。該曆已考慮歲差等，比以前 |

諸曆更為準確。因遭人反對，沖之遂撰《曆議》一文駁之。四十餘年後方才實行。

466	北魏 天安元	教	北魏始於地方設學校：郡設博士、助教等。
466	北魏 天安元	人	宋文學家鮑照為亂兵所殺（約414 —）。其詩繼承漢樂府傳統，又擅七言歌行，對唐朝李白等詩人頗有影響。有《鮑參軍集》。
467	宋 泰始3	宗	廬山道士陸修靜至建康，廣收道經進行整理，定為經戒、方藥、符圖等千餘卷，分為三洞，奠定了《道藏》基礎。又撰《三洞經書目錄》，為古代最早的道藏目錄。
470	宋 泰始6	教	宋以國子學廢，遂置總明觀，設祭酒主持，有道、儒、文、史四科，各置學士10人。
473	宋 元徽元	文	目錄學家王儉校勘秘閣藏書，依劉歆《七略》例，撰《七誌》，另附道經、佛經二類。又撰《元徽四部書目》，均佚。
479	齊 建元元	醫	藥物學家雷斅撰《雷公炮炙論》，記述17種製藥方法，有的至今沿用。今有輯本。
479	齊 建元元	人	書法家王僧虔卒（426 —）。王羲之四世孫。墨跡有《王琰帖》等。
479	齊 建元元	人	學者周顒卒。著《四聲切韻》（已佚），為最早研究漢字四聲之作。
479	齊 建元元	人	畫家陸探微約卒於本年。
486	北魏 太和10	教	魏建明堂、辟雍。改中書學為國子學。
487	齊 永明5	文	齊竟陵王蕭子良約於本年開西邸，招集文人聚會寫作。其中有沈約、謝朓等八人，號稱"竟陵八友"，其詩皆注重聲律，遵守四聲八病之説，追求格律對仗之體，世稱"永明體"。
488	齊 永明6	人	史學家臧榮緒卒（415 —）。撰《晉書》110卷，為第一部總括兩晉史事之書。唐修《晉書》即以此為主要依據。今有輯本。
489	齊 永明7	宗	思想家范縝以其無神論思想在西邸與蕭子顯辯論因果報應問題。眾僧難之而不能屈。退而著《神滅論》。
494	北魏 太和18	宗	龍門石窟（今河南洛陽南）約開鑿於本年前後，延續至唐代。現存龕窟兩千餘，造像九萬餘尊。鑿於北魏時期的古陽洞有魏碑名作《龍門二十品》等。

龍門石窟賓陽洞

495	北魏 太和 19	🅟	北魏孝文帝親祀孔子廟，封孔子後裔為崇聖侯。又禁止在朝廷講鮮卑語。
498	齊 永泰元	文	文學理論家劉勰撰成文論巨著《文心雕龍》，全面總結前代文學現象，系統闡述文學批評理論。
499	北魏 太和 23	🅟	魏孝文帝卒（467 —）。在位期間推行漢化政策，促進了北方各民族的融合和文明進程。
499	齊 永元元	文	詩人謝朓卒（464 —）。長於五言詩，為"永明體"代表作家之一。與謝靈運並稱"大小謝"。
499	齊 永元元	🅢	曆算家祖沖之卒（429 —）。曾撰《大明曆》。推算圓周率值比歐洲人早一千多年。
501	齊 中興元	文	文學家孔稚圭卒（447 —）。以著作《北山移文》著稱。
502	齊 中興 2	🅜	南朝醫學家龔慶宣撰《劉涓子鬼遺方》，為現存最早的外科專著。其中有用水銀醫治皮膚病，為世界最早紀錄。
505	梁 天監 4	🅟	詔令年未滿三十而不通一經者，不准任官。又以任昉為秘書監，校定秘閣藏書。
505	梁 天監 4	文	文學家江淹卒（444 —）。傳說江淹少時才思敏捷，及晚年少有佳句，遂有"江郎才盡"之成語。
505	梁 天監 4	宗	梁武帝命王公顯貴及僧正等 66 人，撰文 75 篇，反駁范縝《神滅論》。縝仍不為所屈。
508	梁 天監 7	文	文學家任昉卒（460 —）。以能為表、奏、書、啟諸體文章擅名。
513	梁 天監 12	文	學者沈約卒（441 —）。他據何承天、徐爰諸家的宋史舊本撰成《宋書》。又創"四聲八病"說，推動了律詩的發展。
516	北魏 熙平元	宗	北魏胡太后令按平城永寧寺原樣在洛陽重建。寺建成，為洛陽最大佛寺，極為壯麗奢靡。時洛陽佛寺多達一千三百餘所。
518	梁 天監 17	🅢	僧祐卒（445 —）。以精通佛律著稱。編著有《出三藏記集》（亦稱《僧祐集》）、《弘明集》。
518	梁 天監 17	文	文學批評家鍾嶸約卒於本年。著有《詩品》，是古代第一部論詩專著。
519	梁 天監 18	🅐	南朝畫家張僧繇約卒於本年。吸收天竺畫法，有立體感。並善雕塑。後人把他和唐吳道子並稱"疏體"畫家。
520	北魏 正光元	宗	北魏孝明帝召集僧尼道士於殿前辯論佛道先後。道士姜斌與僧曇謨辯論最為激烈。斌終議詘，以惑眾罪流徙。
520	梁 普通元	🅔	西域厭噠人遣使至梁建康，獻波斯錦。
520	梁 普通元	文	文學家吳均卒（469 —）。其文以寫景見長，時稱吳均體。
521	梁 普通 2	文	文學家周興嗣卒。撰有《王羲之千字文》，為童蒙課本。此為最早的《千字文》本。

《千字文》（局部）

522 梁 普通3 **文** 梁文學家蕭統（昭明太子）召集文學人士編成《文選》（又稱《昭明文選》），選錄自先秦至梁的詩文辭賦、分類編排，為現存最早的詩文選集。

523 梁 普通4 **文** 學者阮孝緒撰成《七錄》，博採宋齊以來公私圖書，吸取前人目錄學成就編纂而成。後為《隋書·經籍志》所依據。

526 梁 普通7 **宗** 南天竺高僧菩提達摩自廣州、經建康，至嵩山少林寺，創立禪宗。菩提達摩卒於536（或説528）年。

河南嵩山少林寺
初祖庵

527 北魏 孝昌3 **地** 北魏學者酈道元被殺（466 或 472 —）。撰《水經注》，是中國最早的綜合性水文地理著作。

529 梁 中大通元 **宗** 梁武帝在同泰寺設四部無遮大會，為四部大眾（僧、尼、善男、善女）講《涅槃經》；並再次捨身，羣臣以一億萬錢為梁武帝贖身。

529 北魏 永安2 **人** 北魏經學家徐遵明卒（475 —）。當時北方經學代表人物。

530 梁 中大通2 **人** 學者裴子野卒（469 —）。撰有《宋略》、《眾僧傳》等，俱亡佚。著《雕蟲論》，對追求藻飾的詩賦給予了批評。

532 梁 中大通4 **藝** 繪畫評論家謝赫約卒於本年。著《古畫品錄》，提"氣韻生動"等六法作為繪畫及評畫的準則，對後世頗有影響。

534 北魏 永熙3 **政** 北魏分裂為東魏、西魏。

536 梁 大同2 **人** 道教理論家、醫學家陶弘景卒（456 —）。整理《神農本草經》，對藥物學的發展作出貢獻。

537 梁 大同3 **人** 史學家蕭子顯卒（489 —）。據齊所修國史，撰成《齊書》，即今之《南齊書》。

| 538 | 梁 大同 4 | 宗 | 梁武帝在同泰寺設盂蘭盆齋。本為佛教徒超度歷代宗親之法會，此後漸為漢地風俗，每年農曆七月十五日民間亦辦盂蘭盆會超度先祖，謂之鬼節。 |

盂蘭盆會 ——

543	梁 大同 9	文	學者顧野王撰成《玉篇》，仿《說文》體例，首部稍有增異，先註反切，再引羣書訓詁，解說頗詳。原本只存殘卷，今本係經唐、宋人增字重修。
544	東魏 武定 2	科	東魏農學家賈思勰撰成《齊民要術》，總結了漢魏以來北方農業生產經驗，是現存最古的農書。
545	西魏 大統 11	文	西魏欲改晉以來文章浮華之風，遂命蘇綽作《大誥》，令百官皆依此文體作文。
545	梁 大同 11	必	梁經學家皇侃卒 (488 —)。為南方經學代表人物。著有《論語義疏》。
547	梁 太清元	宗	梁武帝在同泰寺設無遮法會。會上奏法樂。法樂約於晉時傳入中國，有印度及西域音樂特色。後與漢地音樂結合，改以中國清商樂為主調。唐代法曲又攙入道教音樂。
547	東魏 武定 5	文	東魏文學家楊衒之經北魏舊都洛陽，見先時王公耗巨資所建佛寺已大半被毀，因撰《洛陽伽藍記》，記述佛寺園林之盛衰興廢。
550	北齊 天保元	典	東魏政權被推翻，北齊建立。
550	北齊 天保元	科	東魏北齊間有冶金家綦毋懷文，所用煉鋼之法與現代平爐煉鋼法相似。又掌握用牲畜溺和脂淬火法，使刀鋒剛利。體現了當時的冶煉、淬火技術水平之高。
550	北齊 天保元	教	北齊詔郡國修立官學，國子學生須研習《禮》經。
554	梁 承聖 3	典	西魏攻江陵，梁元帝令將所藏圖書 14 萬卷全部燒燬。
564	北周 保定 4	樂	北周攻北齊。齊蘭陵王高長恭勇武而貌美，為使敵畏懼，常戴面具出戰。長恭大破北周軍後，齊人仿其擊刺、指揮姿態，編成樂舞《蘭陵王入陣曲》。此樂舞至唐朝時稱"代面"或"大面"。
568	北齊 天統 4	藝	北齊驃騎大將軍唐邕在北響堂山（在今河北邯鄲）開鑿石窟，鐫刻《維摩經》等佛經四部，歷時四年刻成，遂開啟在石上鐫刻佛經之風。今山東泰山經石峪有摩崖刻《金剛經》，字大徑尺，傳亦為北齊王子春、唐邕等人所書。

569	陳 太建元	人	佛經翻譯家真諦卒（499 —）。主要從事大乘佛經的翻譯，對大乘佛學在中國的傳佈作出貢獻。
570	北齊 武平元	科	北齊天文學家張子信發現太陽視運動的不均勻性以及關於日食發生的一些規律。
572	北齊 武平3	人	北齊史學家魏收卒。撰《魏書》。
574	北周 建德3	宗	北周武帝廢佛、道二教。毀經、像，令沙門、道士還俗。並置通道觀，選名僧、道士前往學習《老子》、《莊子》、《周易》等。
579	北周 大象元	史	北周宣帝傳位於靜帝，自稱天元皇帝，並召集羣臣及其妻眷，大列伎樂，初作乞寒胡戲。此戲原出東羅馬帝國，至此經西域龜茲傳入內地。

敦煌壁畫中的
龜茲樂隊

580	北周 大象2	宗	北周靜帝年幼，以貴戚楊堅總攬國政。命恢復佛、道二教，原沙門、道士精誠自守者可再入教門。
580	陳 太建12	文	梁文學家徐陵編成《玉台新詠》，為《詩經》、《楚辭》後又一詩歌總集。
580	北周 大象2	文	北周朝廷召集文學人士王褒、宗懍等八十餘人刊校經史。又博採眾書，敕上古至魏末編成《世譜》五百卷。
580	北周 大象2	人	北朝數學家、博物學家信都芳約卒於本年。著《器準圖》，收有渾天儀、地動儀、刻漏等圖譜，為中國最早的科學儀器圖集。
581	隋 開皇元	政	頒佈《開皇律》十二篇，該律由高穎、裴政等修定，改刑名為死、流、徒、杖、笞五種，又明定"十惡"大罪。後世多沿用。
581	隋 開皇元	人	文學家庾信卒（513 —）。擅詩賦、駢文。早年風格豔麗輕漫，晚年轉為蒼勁悲涼，《哀江南賦》是其名作。後人輯有《庾子山集》。
581	隋 開皇元	宗	隋文帝敕令民間依戶口出錢，建立佛教經像，從此民間的佛經多於六藝之書。

583	隋 開皇 3	中	朝廷批准牛弘建議，廣泛購求天下遺書：凡獻書一卷，獎絹一疋。
583	隋 開皇 3	人	文學家徐陵卒。宮體詩重要作家，與庾信齊名，世稱"徐庾"。其詩與駢文崇尚輕靡綺豔，後人輯有《徐孝穆集》。另編有《玉台新詠》。
586	隋 開皇 6	宗	立《龍藏寺碑》。碑額題《恆州刺史鄂國公為國勸造龍藏寺碑》。碑文記述統治者利用佛教廣募錢財，建造佛寺的情況。碑文書法遒麗寬博，上承南北朝之餘風，下啟初唐諸家先河。碑在今河北正定隆興寺。

隆興寺（原名龍藏寺）全景

586	隋 開皇 6	人	詩人盧思道卒 (535 —)。其詩纖豔，多遊宴酬贈之作。
587	隋 開皇 7	史	開鑿山陽瀆以溝通江、淮漕運。北起山陽縣（今江蘇淮陰），經射陽湖，南入長江。後成為大運河江淮段。
587	隋 開皇 7	史	詔令諸州每年貢士 3 人。
589	隋 開皇 9	史	隋滅南朝最後一個王朝陳，統一全國。
589	隋 開皇 9	人	南朝思想家朱世卿約卒於本年。強調"萬法萬性皆自然之理"，反對神創造世界之說，批駁了佛教鼓吹的因果報應説。
592	隋 開皇 12	宗	高僧智顗建玉泉寺於當陽（今屬湖北），因夢見關羽父子願皈依佛門，遂為關羽授五戒，奉為護院伽藍神。從此，關羽與佛教聯繫在一起。
594	隋 開皇 14	人	南朝陳文學家江總卒 (519 —)。陳時官至尚書令，世稱"江令"，善作豔詩。原有集，已散佚，明人輯有《江令君集》。
597	隋 開皇 17	宗	隋佛教學者費長房撰成《歷代三寶紀》15 卷，又名《開皇三寶錄》，收入淨、律、論 2116 部。
600	隋 開皇 20	史	自本年開始，日本 4 次（607、608、614 年）派出遣隋使來中國，名義上是來求學佛法，實際上是全面學習漢文化。
603	隋 仁壽 3	教	詔以"志行修謹，清平幹濟"二科舉士。以後煬帝時又增設十餘科，這些都為以後科舉制度的產生創造了條件。
604	隋 仁壽 4	人	陳叔寶即陳後主卒 (550 —)。在位時生活奢靡，善作豔詞，明人輯有《陳後主集》。
605	隋 大業元	科	隋煬帝發河南二淮諸郡百萬餘人自洛陽開渠至淮河，名通濟渠，成為以後大運河的重要河段。
607	隋 大業 3	教	詔用十科舉人，以策試文才評定優劣。

607	隋 大業 3	🏛	羽騎尉朱寬與何蠻奉旨，泛海至流求（今台灣），了解當地情況。明年再往。加強了高山族與大陸的聯繫。
608	隋 大業 4	🏛	封孔子後裔為紹聖侯。
608	隋 大業 4	🏛	發河北百萬餘人自涿郡（今北京西南）開永濟渠，南達於黃河。自此，洛陽至涿郡可通水路。
609	隋 大業 5	🏛	詩人薛道衡被煬帝所殺。
610	隋 大業 6	🏛	徵民開河，自京口（今江蘇鎮江）至餘杭（今浙江杭州）八百餘里。至此，大運河北自涿郡南到餘杭，全部連通。大運河溝通了海河、黃河、淮河、長江、錢塘江五大水系，是世界上最古老和最長的運河。

瓜州古運河渡口遺址

610	隋 大業 6	🏛	醫學家、太醫博士巢元方主持編輯《諸病源候論》，其中列述各種病症、病因，對後世具有重要影響。
610	隋 大業 6	🏛	隋經學家、天文學家劉焯卒（544 —）。精通天文，編成《皇極曆》，未能實行。曾創立新法計算日月視運動速度。
611	隋 大業 7	🏛	王薄作《無向遼東浪死歌》，在山東一帶起事反隋。
615	隋 大業 11	🏛	《隋書》載，此時在大興安嶺地區的室韋族人已"騎木而行"，即掌握了滑雪技能。
615	隋 大業 11	🏛	隋秘書郎虞世南大業年間編成《北堂書鈔》。該書摘錄羣書名言佳句，以供寫作詩文所採用，分類編排，共 60 卷，為現存最早的類書。
615	隋 大業 11		隋煬帝大業年間，工匠李春在今河北趙縣建成永濟橋（俗稱趙州橋），橋拱肩上加拱，造型奇巧，在世界橋樑史上屬首創。

趙州橋

618	唐 武德元	🏛	三月隋煬帝被宇文化及所殺，隋亡。五月，李淵登基稱帝，建國號唐，定都長安。
618	唐 武德元	🏛	唐高祖詔令廢隋律令，命裴寂等重修新律。
618	唐 武德元	🏛	命立國子學、太學、四門學，統轄於國子監，召皇族子孫及官員

子弟入學習讀。又命各郡縣亦設官學。

| 619 | 唐 武德 2 | 教 | 命國子學立周公、孔子廟，按時行祭。 |

621　唐 武德 4　　命諸州學士及早有明經及秀才、俊士、進士身份之人，至本縣考試，再由州長官復審，取其合格者，每年十月隨物入貢。

621　唐 武德 4　　始用"開元通寶"錢。由書法家歐陽詢撰寫，文迴環可讀。每十錢重一兩，"錢"從此為重量單位。

"開元通寶"錢

621　唐 武德 4　　李世民因少林寺武僧相助平定王世充，封僧曇宗等為大將軍，並發佈《告少林寺主教書》。

622　唐 武德 5　　諸州進貢明經、秀才、俊士、進士等 218 人。由吏部考試，取中 5 人，授予官職；餘皆賜絹 5 疋令歸。

622　唐 武德 5　　宋遵貴等奉命將洛陽圖書沿黃河運往長安，船於砥柱（位於河南三門峽）沉沒，所遺書約五分之一。

624　唐 武德 7　　依魏晉以來舊制，每州置大中正一人，無品秩，以本州門望高者充任，品評人物等第。不久即廢除九品中正制度，實行以自願報名為基本特徵的科舉考試制度。

624　唐 武德 7　文　歐陽詢等編撰成《藝文類聚》100 卷，徵引古籍約 1400 餘種，隋以前典籍遺文，傳今甚少，賴此書有所保存。

625　唐 武德 8　　詔定三教次序為：道教第一，儒家第二，佛教第三。

625　唐 武德 8　　小說家王度約卒於本年（約 585 —）。傳為《古鏡記》撰者，與無名氏所作《補江總白猿傳》為唐代傳奇文學先驅。

626　唐 武德 9　　玄武門之變。高祖傳位於秦王李世民，即唐太宗，明年改年號"貞觀"。張蘊古上《大寶箴》曰："聖人受命，拯溺亨屯，故以一人治天下，不以天下奉一人。"太宗賜以束帛。

628　唐 貞觀 2　　國子學撤周公祠，以孔子為先聖，顏回為先師。又，增設書學。

629　唐 貞觀 3　　玄奘啟程西行，赴天竺求佛法（一說 627 年）。

玄奘取經壁畫

630　唐 貞觀 4　　唐軍擊敗東突厥，頡利可汗被俘。降唐各族君長共推唐太宗為"天可汗"。從此，自陰山到大漠都被歸入唐朝統治之下，贏得了幾十年的和平。

| 630 | 唐 貞觀 4 | ⚬ | 經學家、文字學家陸德明卒（約 550 —）。撰成《經典釋文》，是研究唐以前文字、音韻以及經籍版本的重要資料。 |

| 631 | 唐 貞觀 5 | ⚬ | 日本第一次派來的遣唐使到達唐朝。 |

| 632 | 唐 貞觀 6 | ⚬ | 《九成宮醴泉銘》碑立。魏徵撰文，歐陽詢書。書法圓潤剛勁，為書法史上名碑。現存陝西麟遊（今陝西寶雞東北）。 |

| 634 | 唐 貞觀 8 | ⚬ | 長安大明宮（初名永安宮）始建。此宮東西長 1.5 公里，南北長 2.5 公里，規模壯麗宏偉。遺址在今陝西西安北。 |

大明宮鎏金鋪首

| 634 | 唐 貞觀 8 | ⚬ | 吐蕃贊普朗日論贊首次與唐朝建立聯繫。此後，內地醫學、曆算及生產技術開始傳入西藏。 |

| 635 | 唐 貞觀 9 | ⚬ | 景教教士阿羅本自波斯來中國，唐太宗准其在長安建寺傳教。景教係西方基督教的聶斯脫利派。唐朝稱其寺為波斯寺或大秦寺。 |

大秦寺塔

| 635 | 唐 貞觀 9 | ⚬ | 張九宗書院建於遂寧（今屬四川），此為史籍所載最早的私人書院。 |

| 637 | 唐 貞觀 11 | ⚬ | 朝廷頒行房玄齡等所定律令及《貞觀新禮》。 |

| 637 | 唐 貞觀 11 | ⚬ | 史學家姚思廉卒（557 —）。據其家傳稿本，主修成《梁書》、《陳書》。 |

| 638 | 唐 貞觀 12 | ⚬ | 書法家、學者虞世南卒（558 —）。與歐陽詢、褚遂良、薛稷為唐初四大書法家。 |

| 639 | 唐 貞觀 13 | ⚬ | 裴孝源約此年著成《貞觀公私畫史》，為現存最早的中國畫著錄書。 |

| 639 | 唐 貞觀 13 | ⚬ | 僧靜琬卒。靜琬在今北京房山雲居寺發憤刻石經 30 餘年，死後，至明朝歷代有人續刻。總數約 15000 塊經版，為宗教史、書法史重要實物資料。 |

| 640 | 唐 貞觀 14 | ⚬ | 孔穎達等奉命撰成《五經正義》共 180 卷。融南北經學家之見解， |

宣揚儒家以禮治國的專制思想，其中也兼取佛道二家之説，為唐科舉取士必讀的範本。

| 640 | 唐 貞觀14 | 🌏 | 高昌馬乳葡萄始在長安栽種，同時葡萄酒生產法也傳入內地。 |

641　唐 貞觀15　📜　文成公主入藏與吐蕃贊普松贊干布完婚，漢之風俗習慣、典籍工藝等亦隨傳入。吐蕃從此改服飾，革赭面舊習。後又遣子弟入國學，習《詩》、《書》，並請唐人掌其表疏。

文成公主像

松贊干布像

641　唐 貞觀15　👤　書法家歐陽詢約本年卒（557—）。與虞世南、褚遂良、薛稷為唐初四大書法家，世稱"歐體"。

642　唐 貞觀16　☸　玄奘在印度那爛陀寺學法並為眾僧講《唯識抉擇論》。溝通大乘各派的分歧。又用梵文著《會宗論》和《制惡見論》。

642　唐 貞觀16　☸　本年，天竺戒日王在曲女城設大會，集五天竺沙門、婆羅門、外道等道俗上萬人，請玄奘法師為論主，任聽各方破駁，經18天會終，竟無一人能駁難，一時轟動。大乘尊玄奘為"大乘天"，小乘尊其為"解脱天"。

643　唐 貞觀17　👤　政治家、史學家魏徵卒（580—）。屢諫太宗須以隋亡為鑒。其言論見於《貞觀政要》，有《魏鄭公集》。

645　唐 貞觀19　🔬　李淳風著成《乙巳占》。本書是世界氣象史上較早的專著，它最早提出了關於風力定級的十級標準。

645　唐 貞觀19　☸　玄奘自印度回國，帶回大小乘經律論共657部及若干佛像、舍利等，數十萬人於長安迎接。

646　唐 貞觀20　👤　太宗因起兵反隋，曾在晉祠祈禱，至本年立碑報享，並親自撰文，即《晉祠銘》，以行草入碑始於此，現存山西太原晉祠。

648　唐 貞觀22　📖 由房玄齡等三人監修成《晉書》，令狐德棻等十八人參修。

648　唐 貞觀22　👤 政治家、史學家房玄齡卒 (579 —)。善文詞及書法，曾監修國史及《晉書》。

649　唐 貞觀23　👤 太宗李世民卒 (599 —)。在位時政績卓著，被譽為"貞觀之治"。

649　唐 貞觀23　🎵 貞觀年間有琵琶名手裴神符，又名洛兒、路兒，為唐代宮廷樂師，西域疏勒 (今屬新疆) 人。革新琵琶演奏技術，最早廢木撥而創手指彈奏法。又擅作曲，有《火鳳》、《傾杯樂》等。

650　唐 永徽元　👤 吐蕃贊普松贊干布卒 (617 —)。葬於木惹山 (今西藏窮結)，以後歷代贊普均葬於此，稱藏王墓。

651　唐 永徽2　⚖ 頒行長孫無忌等所定新律、令、格、式。唐代法律基本定型。

652　唐 永徽3　🏛 為貯藏玄奘自印度取回的經像，興建慈恩寺大雁塔 (今陝西西安市內)。現塔高約 60 米，今存七層。歷代屢加修繕。塔兩側嵌褚遂良書"大唐三藏聖教序"碑，為著名古蹟。

大雁塔

653　唐 永徽4　⚖ 《律疏》(即今《唐律疏議》) 修成並頒行。由長孫無忌等所修，共30 卷，為中國現存最典型完整的古法典。對古代周邊國家如日本、朝鮮等都有影響。

《唐律疏議》殘卷 (局部)

656　唐 顯慶元　📖 長孫無忌進史官所撰《五代 (梁、陳、周、齊、隋) 史志》30 卷 (即《隋書》十志)。其中《經籍志》正式確立經、史、子、集分類法，成為中國古典目錄學中沿用至清朝的最長的圖書分類法。

658　唐 顯慶3　👤 書法家、政治家褚遂良卒 (596 —，或說卒於次年)。唐初四大書法家之一。傳世書跡有《伊闕佛龕碑》、《雁塔聖教序》等。

659　唐 顯慶4　🏥 蘇敬等撰成《新修本草》(一名《唐本草》)，另附《藥圖》及《圖經》，共收藥物 844 種，較前代增加 114 種。為中國第一部由政府修訂的藥典。創立藥物自然來源的分類方法，並繪有中國最早的藥物圖譜，對此後中藥學發展影響很大。

| 659 | 唐 顯慶 4 | 史學家李延壽所修《南史》、《北史》成，高宗親為作序。 |

659 唐 顯慶 4　政治家、法學家長孫無忌卒。曾參修《貞觀律》、《永徽律》，主編《律疏》。因反對高宗立武則天為后，被放逐於黔州（今屬四川），自縊死。

661 唐 龍朔元　時鬥雞成風，盛行於王公貴族間。王勃因戲作《檄周王雞文》。

664 唐 麟德元　詩人，政治家上官儀卒（約 608 —）。他歸納六朝以來詩歌中對仗方法，提出"六對""八對"之說，對於律詩的形成較有影響。

664 唐 麟德元　三藏法師玄奘卒（602 —）。創立法相唯識宗，其《大唐西域記》一書為研究中西亞交通史的重要著作。

666 唐 乾封元　唐高宗封贈老子為"太上玄元皇帝"，設立祠堂。此後，道教場所可稱"宮"。

670 唐 咸亨元　數學家、天文學家李淳風卒（602 —）。曾主持修訂《麟德曆》、校註《算經十書》等，並編撰了《晉書》、《五代史志》中的天文、律曆、五行諸志。

672 唐 咸亨 3　弘福寺僧懷仁集晉王羲之行書刊刻石上，成《聖教序》、《聖教序記》及玄奘所譯《心經》。相傳王羲之的行書字跡，大都集摹於此碑。碑今在陝西西安碑林。

673 唐 咸亨 4　畫家閻立本卒。擅畫人物，並取法張僧繇，筆力圓勁雄渾，所畫《秦府十八學士圖》、《凌煙閣功臣圖》等稱譽當時。有《歷代帝王》、《步輦圖》、《職貢》等圖傳世。

步輦圖（局部）

675 唐 上元 2　洛陽龍門大盧舍那佛像雕成，為龍門石窟規模最為宏偉的露天大佛龕，佛身通座高達 17 米多，為唐代造像藝術的代表作。相傳，佛像是依照武則天相貌而雕。

675 唐 上元 2　文學家王勃卒（648 或 650 —，一作 676 年卒）。與楊炯、盧照鄰、駱賓王並稱"初唐四傑"。其詩風格清新，文章名作有《滕王閣序》等。明人輯有《王子安集》。

龍門石窟盧舍那佛像

679	唐 調露元	🅐	文學家張鷟考中進士。撰有傳奇《遊仙窟》，為中國第一部戀愛小說。
681	唐 開耀元	🅔	詔令明經、明法、明算等科以帖試，十帖中六以上者得取。
682	唐 永淳元	🅐	醫學家孫思邈卒（約581 —）。著有《千金要方》、《千金翼方》等，倡立臟、腑病分類新系統，首列婦、兒科。後人尊為"藥王"。
684	唐 嗣聖元	🅗	九月，武則天親政，徐敬業興兵討伐。文學家駱賓王作《為徐敬業討武曌檄》。敬業敗，賓王亦被殺，一說不知所終。
687	唐 垂拱3	🅗	壽陽刺史納妾何媚（亦稱紫姑），傳為刺史正妻曹氏所嫉，正月十五日夜，被推入廁所淹死。上帝憐憫，命為廁神，每逢是日扶乩迎之，舉行祀神儀式。
689	唐 永昌元	🅐	學者李善卒（約630 —）。以講《文選》為主，世號"文選學"。
689	唐 永昌元	🅔	武則天在洛城殿主持科舉省試，親自策問諸舉人。此舉與後世的省試後另舉行殿試不同。
689	唐 永昌元	🅐	詩人盧照鄰約本年卒（約635 —）。"初唐四傑"之一。詩多愁苦，《長安古意》等詩較為著名。後人輯有《幽憂子集》。
693	武周 長壽2	🅐	詩人楊炯約卒於本年（650 —）。"初唐四傑"之一。擅作五律，尤擅邊塞詩，氣勢雄渾。明人輯有《盈川集》。
702	武周 長安2	🅐	詩人陳子昂被誣入獄，憂憤而死（661 —）。唐代詩歌革新的先驅。詩風崇尚漢魏風骨，反對柔靡之風，風格高昂清峻，所作《感遇》等詩較為著名。有《陳伯玉集》。
702	武周 長安2	🅗	武則天時，每逢花朝（農曆二月十五日為百花生日）即命採百花蒸餅以賜臣下。又於立春日盛行食春餅的習俗，春餅是一種裹食肉菜的薄餅。
706	唐 神龍2	🅗	唐高宗與武則天合葬於乾陵（今陝西乾縣梁山）。陵園甬路排列近百件大型石人、石獸等石刻，與陪葬的永泰公主、懿德太子及章懷太子墓中壁畫等，均為唐代藝術珍品。

懿德太子墓內的壁畫

唐

618—907

| 709 | 唐 景龍 3 | | 小雁塔在本年建成於長安大薦福寺內（今陝西西安）。原塔高 15 層，因地震縱裂，現存 13 層，塔身造型優美，為唐代著名建築。因小於慈恩寺雁塔，故名小雁塔。 |

709 唐 景龍 3　小雁塔在本年建成於長安大薦福寺內（今陝西西安）。原塔高 15 層，因地震縱裂，現存 13 層，塔身造型優美，為唐代著名建築。因小於慈恩寺雁塔，故名小雁塔。

712 唐 太極元 🙂 詩人宋之問卒（約 656 —）。其詩格體完整，文辭華靡，對律詩定型頗有影響。明人輯有《宋之問集》。

713 唐 開元元 🙂 詩人、文學家李嶠卒（644 —）。詩文俱佳，詩多詠物之作，名重當世。與蘇味道、崔融、杜審言合稱"文章四友"。明人輯有《李嶠集》。

713 唐 開元元 🙂 禪宗六祖、南宗開創者慧能卒（638 —）。弟子記其言行，稱為六祖《壇經》。

713 唐 開元元 🙂 書畫家薛稷卒（649 —）。與歐陽詢、虞世南、褚遂良並稱唐初四大書法家。擅長書法，亦工繪畫，尤以畫鶴稱絕。有《信行禪師碑》等書跡傳世。

714 唐 開元 2 🎵 玄宗在梨園親自教練樂工數百人，稱"皇帝梨園子弟"。設左右教坊、音樂博士等以教俗樂。後世遂稱戲曲界或戲班為梨園，稱戲曲演員為梨園子弟。

714 唐 開元 2 🙂 詩人沈佺期卒（約 656 —）。其詩多應制之作，格律嚴謹精密，對於律詩的定型很有影響。與宋之問並稱"沈宋"。明人輯有《沈佺期集》。

716 唐 開元 4 🙂 畫家李思訓卒（651 —）。擅長書畫，尤以"金碧山水"畫自成一家。明畫家董其昌推其為"北宗"之祖。

717 唐 開元 5 🕺 著名舞蹈藝人公孫大娘於鄴城（今屬河南）舞《劍器渾脫》，其技絕妙，舞姿神奇。書法家張旭曾於鄴縣（今河北臨漳西北）觀她舞《西河劍器》，從此其草書大進。劍器，古代舞曲名。

717 唐 開元 5 🌏 日本留學生吉備真備、阿倍仲麻呂（漢名朝衡或晁衡）隨遣唐使來中國。

日本遣唐使出發地點

718 唐 開元 6 📖 呂延濟、劉良、張銑、呂向、李周翰五人合注《昭明文選》，稱為《五臣注》，着重於解釋詞句。此本不及李善注本精善，宋時合刊兩本，稱之為《六臣注文選》。

720	唐 開元 8	詩人張若虛約於本年卒（約660 —）。僅存詩二首，以《春江花月夜》著名，描寫細膩柔婉。與賀知章、包融、張旭齊名，合稱"吳中四士"。
721	唐 開元 9	史學家劉知幾卒（661 —）。所著《史通》是中國第一部史學評論專著，體現其史學思想。
721	唐 開元 9	政治家、學者姚崇卒（650 —）。歷任武則天、睿宗、玄宗宰相。
724	唐 開元 12	太史監南宮説據僧一行之説，於河南等地實測子午線。測知地上南北相差 351 里 80 步（129.2 公里），乃世界上第一次實測子午線。
725	唐 開元 13	天文儀器製造家梁令瓚與僧一行等合作製成水力運轉的"渾天銅儀"，並附有自動報時裝置。
727	唐 開元 15	文學家蘇頲卒（670 —），曾襲封許國公。當時和張説（封燕國公）並稱為"燕許大手筆"。後人輯有《蘇頲碩集》。
727	唐 開元 15	天文學家僧一行卒（688 —）。精通曆法天文，曾主修《大衍曆》等，並推算出相當於子午線緯度的長度。
730	唐 開元 17	學者徐堅卒（659 —）。曾主編類書《初學記》，採取羣經、諸子、歷代詩賦及唐初作品，使許多古代典籍的零篇單句得以保存。
729	唐 開元 18	文學家、政治家張説卒（667 —）。封燕國公、與蘇頲（許國公）並稱為"燕許大手筆"。
730	唐 開元 18	僧智昇編成佛教經錄名著《開元釋教錄》20 卷，為後來大藏經編目所遵循。
732	唐 開元 20	玄宗命將寒食節掃墓編入五禮，永為定規。清明節祭祖掃墓之俗或起於此。
733	唐 開元 21	道士張果被玄宗迎至洛陽，授銀青光祿大夫，賜號"通玄先生"。懇辭還山，未幾卒。為道教八仙之一張果老的原型。
736	唐 開元 24	張守節《史記正義》撰成，為《史記》三家注之一。
736	唐 開元 24	科舉考試原由吏部員外郎主持，本年改為由禮部侍郎主持，後世遂相沿。
739	唐 開元 27	追諡孔子為文宣王。
740	唐 開元 28	詩人、政治家張九齡卒（678 —）。官至相位，為政賢明，敢於直諫。工詩善文，名重當時。有《曲江張先生文集》。
740	唐 開元 28	詩人孟浩然卒（689 或 691 —）。詩與王維齊名，稱為"王孟"。其詩風格疏淡，長詠田園山水，有《孟浩然集》。
741	唐 開元 29	令兩京及諸州立玄元皇帝廟和崇玄學（後改稱崇玄館），置生徒，學《老子》、《莊子》、《文子》、《列子》，可應試"道舉"科考試。
742	唐 天寶元	李白入長安，供職翰林供奉，作《清平樂》等。時與賀知章、張

旭等七人常飲醉於市肆，時稱"酒中八仙"。

太白醉酒玉雕

742	唐 天寶元	人	詩人王之煥卒（688 —）。以抒寫邊塞風光著稱。《涼州詞》、《登鸛雀樓》最為有名。
742	唐 天寶元	宗	封莊子為南華真人。此後，《莊子》又稱《南華經》。
744	唐 天寶3	人	詩人賀知章卒（659 —）。詩多寫景之作，較清新通俗，《回鄉偶書》為其代表作。
744	唐 天寶3		李白與杜甫在洛陽相識。
746	唐 天寶5	人	詩人祖詠卒（699 —）。河南洛陽人。以山水詩聞名，多宣揚隱逸生活。
752	唐 天寶11		岑勳撰文，顏真卿正書的《多寶塔感應碑》立。書法雄偉渾厚。碑存今陝西西安碑林。
752	唐 天寶11	表	頒佈科舉考試的新錄取規定。如：考試進士，先帖試以大經（指《禮記》、《左傳》）及《爾雅》；再試文、賦各一篇；又試策五條。三試皆通過者，可進士及第。

雁塔進士題名帖
（局部）

754	唐 天寶13	人	詩人崔顥卒。代表作《黃鶴樓》。明人輯有《崔顥集》。
755	唐 天寶14		安祿山、史思明在範陽起兵叛亂，安史之亂爆發。
756	唐 至德元	人	詩人王昌齡避亂還鄉，途中為亳州刺史閭丘曉所殺（約698 —）。擅作七絕，多寫當時邊塞軍旅生活，氣勢雄渾，情調高昂。以《從軍行》七首及《出塞》二首聞名於世。明人輯有《王昌齡集》。
756	唐 至德元		楊貴妃於玄宗逃奔途中，在馬嵬驛（今陝西興平西）被縊死（719 —）。
758	唐 乾元元		著名畫家吳道子約卒於本年（約685 —）。擅畫佛道人物，創"吳裝"，對後世繪畫及雕塑深具影響。有"畫聖"美譽。
759	唐 乾元2		畫家、詩人王維卒（一作761年卒，701 —）。詩以山水田園為

主，又擅畫平遠之景，後人以為"文人畫"創始者。明董其昌推
他為"南宗"之祖。

| 762 | 唐 寶應元 | 詩人李白卒（701 —）。李白是自屈原以來浪漫主義詩歌的新高峰。與杜甫並稱"李杜"，時稱"詩仙"，對後世影響極大。有《李太白集》傳世。 |

762 唐 寶應元 崔令欽，博陵（今河北定縣）人，約於肅宗末年撰成《教坊記》。記述開元時教坊制度、軼聞及樂曲的內容或起源，並錄 324 個曲名，是研究唐代音樂、舞蹈、戲曲、雜技等的重要史料。

763 唐 廣德元 律宗高僧鑒真卒於日本（688 —）。753 年第六次東渡到達日本九州島，翌年在奈良東大寺建戒壇，傳佈律宗，並將中國的建築、雕塑、醫藥學等傳到日本。有《鑒真上人秘方》傳世。

日本鑒真紀念堂

765 唐 永泰元 詩人高適卒（702 或 706 —）。其詩與岑參齊名，風格相近，並稱"高岑"。《燕歌行》為其代表作。有《高常侍集》。

770 唐 大曆5 詩人杜甫卒（712 —）。古代現實主義詩歌的典範。被稱為"詩聖"。與李白同為唐代詩歌創作的頂峰。有《杜工部集》傳世。

770 唐 大曆5 詩人岑參卒（約715 —）。長於七言歌行，所作多描繪塞上風光和戰爭環境。有《岑嘉州詩集》傳世。

770 唐 大曆5 日本詩人阿倍仲麻呂卒於長安。奈良時代的遣唐留學生，大和人。在唐做官約 50 年，與王維、李白常有詩歌酬唱。

778 唐 大曆13 詩人張繼約卒於本年。《楓橋夜泊》為傳世名著。有《張祠部詩集》。

782 唐 建中3 山西五台山南禪寺大殿重修，是中國現存最早的木構建築物。殿內 17 尊塑像、佛座及石塔、石獅等均為唐代藝術珍品。

五台山佛光寺大
殿內塑像

785 唐 貞元元 書法家、學者顏真卿為叛臣李希烈所殺（709 —）。創"顏體"新風格，對後來書法影響甚大。

唐

618 — 907

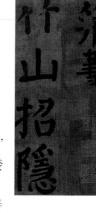

| 785 | 唐 貞元元 | ▲ 書法家、僧懷素卒 (725 —)。以善"狂草"著名,繼承張旭而有所發展,世並稱"顛張醉素"。 |

785　唐 貞元元　▲　書法家、僧懷素卒 (725 —)。以善"狂草"著名,繼承張旭而有所發展,世並稱"顛張醉素"。

787　唐 貞元 3　▲　畫家韓滉卒 (723 —)。善畫人物及農村風俗景物,尤擅畫牛、羊、驢等,有《文苑圖》、《五牛圖》等傳世。

800　唐 貞元 16　▲　詩人盧綸約於本年卒 (748 —)。為"大曆十才子"之一。詩多為酬答送別之作,也有反映軍士生活者。《塞下曲》較著名。明人輯有《盧綸集》。

801　唐 貞元 17　▼　史學家杜佑以 30 年時間撰成《通典》,凡 9 門,200 卷。是中國第一部專門記述典章制度的通史,為"政書"體開創性巨著。

803　唐 貞元 19　▲　四川樂山彌勒大佛經 90 年鑿刻終於完成,上覆重樓 13 層,大佛身高 71 米,頭高 14.7 米,雍容華貴,氣魄雄偉,是世界上現存最大的石刻佛像。

804　唐 貞元 20　▲　學者陸羽卒 (733 —)。著有《茶經》,為世界上首部關於茶葉及飲茶的專著。後民間尊為"茶神"。

810　唐 元和 5　▲　詩人、學者張志和約本年卒 (約 730 —)。所作《漁歌子》為文人詞先聲。

813　唐 元和 8　▲　術士李虛中卒 (762 —)。後世推為星命家之祖。世傳《李虛中命書》,署名"鬼谷子撰,虛中注"。

814　唐 元和 9　▲　詩人孟郊卒 (751 —)。長於五言古詩,與賈島齊名,有"郊寒島瘦"之稱。有《孟東野詩集》。

816　唐 元和 11　▲　詩人李賀卒 (790 —)。其詩想像浪漫,意境奇峭瑰麗,具有積極浪漫主義精神,在中唐詩壇上獨樹一幟。有《唱谷集》傳世。

819　唐 元和 14　▲　文學家、思想家柳宗元卒 (773 —)。與韓愈倡導古文運動,並稱"韓柳",同被列入"唐宋八大家"。有《河東先生集》。

819　唐 元和 14　▼　德宗、憲宗時,傳奇小說作家蔣防作《霍小玉傳》,陳鴻作《長恨歌傳》。防字子徵,義興 (今江蘇宜興) 人,翰林學士,善賦及散文。鴻字大亮,長於史學,另有傳奇《東城父老傳》。

824　唐 長慶 4　▲　文學家、思想家韓愈卒 (768 —)。以復興儒學和古文為己任,是當時思想界領袖。唐宋八大家之首。有《昌黎先生集》。

826	唐 寶曆 2	文學家白行簡卒（776 —）。白居易弟。善辭賦，所作傳奇小説《李娃傳》、《三夢記》尤為著名。
830	唐 大和 4	詩人張籍約本年卒（約 767 —）長於樂府，與王建齊名，時稱"張王"或"張王樂府"。有《張司業集》。
830	唐 大和 4	詩人王建約本年卒（約 767 —）。擅長樂府詩，與張籍齊名。有《王司馬集》。
831	唐 大和 5	詩人元稹卒（779 —）。其詩與白居易齊名，世稱"元白"。他們開創的詩風為"元和體"。所作傳奇《鶯鶯傳》（即《會真記》）後為《西廂記》故事之本。有《元氏長慶集》。
832	唐 大和 6	女詩人薛濤約本年卒（約 760 —）。創製深紅小彩箋寫詩，人稱"薛濤箋"。
842	唐 會昌 2	文學家、哲學家劉禹錫卒（772 —）。其重要哲學著作《天論》提出"天人交相勝"、"還相用"的觀點。其詩富有通俗清新的民歌特色，《竹枝詞》等較為著名。有《劉夢得文集》。
843	唐 會昌 3	詩人賈島卒（779 —）。詩風與孟郊相近，時稱"郊寒島瘦"。有《長江集》傳世。
845	唐 會昌 5	武宗惡佛教，詔令廢毁天下佛寺四千餘所，歸俗僧尼二十六萬餘人，收良田數千萬頃。兩京只留佛寺數所，而各地節度使治所只能各留一所。此次對佛教的打擊迫害也波及祆教、景教、摩尼教等。
846	唐 會昌 6	詩人白居易卒（772 —）。語言通俗易懂，名作有《長恨歌》、《琵琶行》、《新樂府》等。有《白氏長慶集》傳世。
852	唐 大中 6	文學家，詩人杜牧卒（803 —）。擅七絕詩，清俊透爽，其文《阿房宮賦》最富盛名。有《樊川文集》。
857	唐 大中 11	詩人李商隱卒（813 —）。擅長律、絕。亦工四六駢文。有《李義山詩集》、《樊南文集》等。
865	唐 咸通 6	書法家柳公權卒（778 —）。工書法，正楷最知名，世稱"柳體"。與顏真卿有"顏筋柳骨"之稱。

柳公權《玄秘塔碑》（局部）

866	唐 咸通 7	詩人溫庭筠卒（約 812 —）。文人詞大家，對唐末五代香奩體與花間派有較大影響。在唐詞人中現存詞最多，有 60 餘首
868	唐 咸通 9	《金剛經》於本年由土朩木刻印成，卷4.877 米，高 244 毫米，卷首有釋迦説法圖。圖文並茂，渾厚質樸，刻工精美，

是目前世界上有年代可考的最早的雕版印刷品，於 20 世紀初在敦煌莫高窟藏經洞發現。

| 881 | 唐 中和元 | 文 | 文學家陸龜蒙約本年卒。與皮日休齊名，人稱"皮陸"。其詩冷僻乖巧，開晚唐僻澀體。有《甫里集》。 |

文學家陸龜蒙約本年卒。與皮日休齊名，人稱"皮陸"。其詩冷僻乖巧，開晚唐僻澀體。有《甫里集》。

881　唐 中和元

883　唐 中和 3　文學家皮日休卒於動亂（約 834 —）。詩文與陸龜蒙齊名，人稱"皮陸"。其詩繼承新樂府傳統，散文和辭賦，多借古諷今，抒發感慨。有《皮子文藪》。

884　唐 中和 4　詩人聶夷中約卒。語言通俗易懂，在晚唐詩中為佼佼者。

887　唐 光啟 3　唐末造墨名家奚鼐以善製佳墨而名聞遐邇，其墨有光氣。後傳技子超，製墨尤負盛名，遂成為當地製墨名家。

908　後梁 開平 2　詩人、詩論家司空圖卒（837 —）。其《詩品》為中國古代文學理論名著，與皎然《詩式》同對後世詩論影響巨大。有《司空表聖文集》（即《一鳴集》）。

909　後梁 開平 3　文學家羅隱卒（833 —）。其散文小品風格犀利，詩亦多激憤之作。有詩集《甲乙集》。

910　前蜀 成武 3　詩人、詞人韋莊卒（836 —）。仕前蜀。與溫庭筠同為"花間派"重要詞人，並稱"溫韋"。著有《浣花集》等。

912　前蜀 永平 2　詩人、畫家、僧貫休卒（832 —）。唐末入蜀，賜號"禪月大師"。所作水墨佛像，都是粗眉大眼，豐頰高鼻，稱為"梵相"。兼善草書。有《十六羅漢圖》畫跡傳世。

914　後梁 乾化 4　詩人韓偓約本年卒（844 —）。詩多寫豔情，詞藻華麗，有"香奩體"之稱。

916　後梁 貞明 2　日本僧人慧鍔建立浙江普陀山"不肯去觀音院"，以為觀音道場。

916　後梁 貞明 2　僧契此卒。號長汀子，明州奉化（今屬浙江）人。為人肥胖，常背一布袋化緣，形類瘋癲。死後，人以為他即彌勒化身，遂依形塑成大肚彌勒造像。

916　遼 神冊元　耶律阿保機稱帝，國號契丹，都皇都（今內蒙古巴林左旗）。

壁畫中的契丹人

920　遼 神冊 5　耶律突呂不、魯不古等借用漢字筆畫創製契丹文字，此為契丹大字。

921　遼 神冊 6　耶律突呂不等制訂《決獄法》，是契丹最早的成文法典。

| 932 | 後唐 長興3 | 文 | 宰相馮道命人在國子監內校訂《九經》文字,並付刻工雕印,至後周時完成,後世稱為"五代監本"。官府大規模刊刻儒家經典由此始。 |
| 933 | 後唐 長興4 | 樂 | 本年抄成現存最早的唐代樂譜。此譜屬工尺譜(係當時教坊通用的記譜符號)體系,為敦煌遺書之一。 |

敦煌樂譜

940	後蜀 廣政3	文	《花間集》10卷由後蜀趙崇祚編成,收有溫庭筠、顧夐、韋莊等18人所作500首詞,以風格清秀婉約為特色,自成一流派,對後世影響甚大。
940	南唐 昇元4	教	南唐在白鹿洞(今屬江西)建學館,以李善道為館主,教授諸生,置田供給。號稱"廬山國學"。
944	後蜀 廣政7	文	為迎春節,後蜀主孟昶命眾臣在桃符板上題對句,後世春聯即從此始。
947	遼 大同元	政	契丹改國號為遼。改皇都為上京。
953	後周 廣順3	藝	山東工匠李雲鑄成滄州(今屬河北)鐵獅子,是中國現存最早最大的鐵獅,造型雄偉,氣勢壯觀,為鑄造工藝之傑作。
953	後蜀 廣政16	教	後蜀毋昭裔出私財營建學館,並刻印《九經》。此舉有助於蜀地文化的發達。
955	後周 顯德2	宗	後周世宗令全國佛寺,除皇家敕建的外,一律廢毀,並且禁度僧尼。
960	南唐 建隆元	文	南唐詞人馮延巳卒(約903 —)。今存詞近百首,多寫男女間離情別恨,對北宋晏殊、歐陽修等頗有影響。
961	南唐 建隆2	文	詞人、南唐中主李璟卒(916 —)。工詞,風格委婉,富有意境。後人將他及其子煜的作品,合刻為《南唐二主詞》。
965	後蜀 廣政28	藝	畫家黃筌卒(約903 —)。仕前蜀、後蜀。擅畫花鳥,形象豐滿,勾畫巧細,格調富麗,與江南花鳥畫家徐熙並稱"徐黃"。為北宋前期花鳥畫的楷模。

黃筌《寫生珍禽圖卷》(局部)

967　宋 乾德5　　光孝寺（在今廣東省廣州市內）東鐵塔鑄於本年，塔高 6 米多，上鑄約千個佛龕，塔身貼金，造型生動，時稱"塗金千佛塔"，與四年前鑄成的西鐵塔同為中國現存最古的鐵塔。光孝寺以慧能曾在此開禪宗南宗而聞名。

967　宋 乾德5 🄰　畫家李成卒（919 —）。擅畫山水，自然瀟灑，墨法精細，好用淡墨，時稱"惜墨如金"。和關仝、范寬為北方山水畫三大家，以他成就最大。

李成《茂林遠岫圖卷》（局部）

971　宋 開寶4　　隆興寺（在今河北正定）重建，俗稱"正定大佛寺"，始建於隋開皇六年（586 年），原名"龍藏寺"，宋改龍興寺，清改隆興寺。寺內大悲閣高 33 米，銅像通高 22 米，是現存宋代風格的古建築和中國現存最高的銅佛像。

971　宋 開寶4 🄰　後蜀詞人歐陽炯卒（896 —）。善吹長笛，工詞，內容多寫豔情，曾為《花間集》作序。

973　宋 開寶6 🄴　宋太祖於講武殿親自復試舉人，為科舉省試後，再由皇帝親自主持的殿試之始。

975　南唐 開寶8 🄰　顧閎中為南唐畫院待詔。閎中，江南人，工畫人物。善於描繪神情意態，筆力圓勁，色彩濃麗。存世作品有《韓熙載夜宴圖》。

976　宋 太平興國元 🄴　潭州知州朱洞創建嶽麓書院（在今湖南長沙）。時著名書院尚有白鹿洞書院、應天府睢陽書院（今河南商丘）、嵩陽書院（今河南登封）、石鼓書院（今湖南衡陽）、茅山書院（今江蘇南京）等。

嶽麓書院

978　宋 太平興國3 🄰　詞人、南唐後主李煜卒（937 —）。

善詩詞書畫，通音律。尤以詞著稱，後人將他與其父璟的作品合編為《南唐二主詞》。

981	宋 太平興國 6 ㊟	宋史學家薛居正卒 (912 —)。開寶七年 (974 年)，由他監修《舊五代史》完成。
983	宋 太平興國 8 ㊆	宋太宗命李昉等編輯《太平御覽》成書，凡 1000 卷，分 55 門。引書浩博，約 1690 種。其中漢人傳記 100 餘種，舊地誌 200 餘種，均為現在不傳之書，保存了五代以前許多文獻。
983	宋 太平興國 8 ㊆	小說總集《太平廣記》成書於太平興國年間，宋李昉等編輯，共 500 卷，另目錄 10 卷，按性質分 92 大類。採錄漢以來小說、筆記、稗史等 475 種，保存了大量古小說資料。
986	宋 雍熙 3 ㊆	詩文總集《文苑英華》1000 卷，由宋李昉等編成，輯集南朝梁末至唐代詩文，以續《文選》，保存了大量詩文。
989	宋 端拱 2	建築家喻皓在京師建成開寶寺塔。乃京師最高塔，塔身略傾西北，以抵抗西北風力；因京師地平無山，吹之百年，塔身自正。喻皓著《木經》三卷，人皆遵其法，是當時重要的建築專著，已佚。

宋朝開封鐵塔

990	宋 淳化元 ㊕	宋鑄淳化元寶錢，自此改元必鑄錢。
992	宋 淳化 3 ㊫	侍書學士王著奉太宗之命，編次秘閣所藏歷代法書，摹刻製版，拓賜大臣，是為《淳化閣帖》，後世稱為"法帖之祖"，古人法書多賴此以傳。書法史上帖學始此。
992	宋 淳化 3 ㊩	王懷隱等編著成《太平聖惠方》100 卷，廣集漢唐以來醫書及民間醫療經驗，分類彙編而成。全書分 1670 門，錄方 1 萬餘首，保存了漢代以來各方和古醫書的內容，為重要的醫方巨著。
992	宋 淳化 3 ㊟	文字學家徐鉉卒 (917 —)。與弟徐鍇號"大小二徐"。善詩文，精通文字學，曾與句中正等校訂《說文解字》，並有所增補，世稱"大徐本"。
993	宋 淳化 4 ㊍	宋大型地圖"淳化天下圖"以絹百疋製成，是北宋編成的大規模的全國總輿圖，由全國各地所貢四百餘幅地方圖綜合繪製而成。

遼 夏 金 元
宋
916 — 1368
960 — 1279

| 996 | 宋 至道 2 | | 文學家李昉卒 (925 —)。曾參編《舊五代史》，同修《太祖實錄》，主編《太平御覽》、《太平廣記》、《文苑英華》等書。 |

997　宋 至道 3　唐時已有八月十五日賞月故事，至宋太宗時始定為中秋節。祭月、拜月、賞月等風俗逐漸盛行。

1001　宋 咸平 4　文學家王禹偁卒。反對宋初浮靡文風，提倡平易樸素，詩文暢達。

1004　宋 景德元　咸平、景德中，出現檀香倚卓，卓即桌，以其卓然而高，可以憑倚而得名，或説桌子由此產生。椅子、杌子亦始見於宋初。

1007　宋 景德 4　江西昌南鎮在景德年間燒瓷入供，因燒青瓷器聞名全國，遂改名景德鎮。

景德鎮影青加彩觀音像

1007　宋 景德 4　文學家，地理學家樂史卒 (930 —)。編著地理書《太平寰宇記》200 卷，是綜合性的全國地理總誌。

1008　宋 大中祥符元　陳彭年、丘雍奉詔重修《切韻》，改名《大宋重修廣韻》(簡稱《廣韻》)，為漢語音韻學的重要韻書。

1009　宋 大中祥符 2　泉州 (今屬福建) 伊斯蘭教徒建成清淨寺。該寺為中國現存最早的伊斯蘭教寺院建築，寺內尚存阿拉伯文《古蘭經》石刻等。

1020　宋 天禧 4　文學家姚鉉卒 (968 —)。北宋古文運動倡導者之一。編纂唐代詩文 100 卷，名《文粹》(今名《唐文粹》)，為蕭統《文選》之後又一重要總集。

1023　宋 天聖元　交子始由官府發行。此為世界上政府最早發行的紙幣。

1023　宋 天聖元　宋政治家寇準卒 (961 —)。在訂立澶淵之盟時起過較大作用。亦擅詩，有《寇忠愍公詩集》。

1027　宋 天聖 5　針灸學家王惟一受命鑄針灸穴位模型銅人，共657 穴。著《銅人腧穴針灸圖經》，共記 354 個穴名。此書不僅刊刻頒行，且刻石保存，對宋代針灸學發展影響巨大。

王惟一所造針灸銅人

1037　遼 重熙 6　遼在今山西大同市內建華嚴寺，大雄寶殿氣勢雄渾，形制古樸，是現存遼、金時代最大的佛殿。

華嚴寺教藏殿內菩薩像

| 1038 | 西夏天授禮法延祚元 | 党項族趙（李）元昊在西北地區建大夏王朝。西夏尊崇佛教，也崇尚儒學，以科舉取士，注重汲取中原文化。與遼、宋、金抗衡近 200 年。 |

| 1038 | 西夏天授禮法延祚元 | 西夏初建，即根據漢字偏旁，創製西夏文字，通行朝野，並以之翻譯佛經及中原儒經等書籍。 |

西夏文雕版印佛經

1048	宋 慶曆 8	發明家畢昇在慶曆年間發明泥活字，用來印刷書籍。活字印刷是印刷技術的重大革新。
1052	宋 皇祐 4	政治家、文學家范仲淹卒（989 —）。曾力主改革。工詩詞散文。所寫《岳陽樓記》為後世傳誦。有《范文正公集》。
1053	宋 皇祐 5	文字訓詁學家丁度卒（990 —）。刊修《廣韻》為《集韻》，為文字訓詁學與宋代語音學史重要著作。
1053	宋 皇祐 5	詞人柳永約本年前後去世。景祐進士。為人放蕩不羈，終身潦倒。其詞多寫羈旅之情、城市風光和歌妓生活，尤以創作慢詞為多，明白通俗，風格委婉，流傳極廣。有《樂章集》。
1054	宋 至和元	司天監首次觀測並記錄了天關星附近的超新星爆炸，對今天研究蟹狀星雲的產生具有重要價值。此事或以為在 1056 年。
1055	宋 至和 2	宋封孔子四十七世孫孔宗願為衍聖公。衍聖公封號始此。
1055	宋 至和 2	開元寺塔建成。亦稱"瞭敵塔"、"料敵塔"，在今河北定縣城內，高 84 米，11 層，為八角形，是中國現存最高的磚塔。
1055	宋 至和 2	詞人晏殊卒（991 —）。詞擅長小令，語言清媚婉麗，為北宋婉約派的重要詞人。

1056	遼 清寧 2	遼建“佛宮寺釋迦塔”(在今山西應縣),後人稱作“應縣木塔”。通高 67 米多,是中國現存最早最高的全木結構塔。經歷代地震,至今仍保存完好。
1057	宋 嘉祐 2	學者孫復卒 (992 —)。與胡瑗、石介並稱“宋初三先生”,對北宋學術思想和教育有一定影響。
1059	宋 嘉祐 4	泉州萬安橋 (亦名洛陽橋) 建成。橋長 360 丈,寬 1.5 丈,計有 47 橋孔。為中國古代著名樑架式石橋,現尚保留部分橋面建築。

萬安橋遺跡

1059	宋 嘉祐 4	學者胡瑗卒 (993 —)。講“明體達用”之學,開宋代理學之先聲。與孫復、石介並稱“宋初三先生”。
1060	宋 嘉祐 5	歐陽修等修成《唐書》(《新唐書》)。
1060	宋 嘉祐 5	文學家、詩人梅堯臣卒 (1002 —)。與歐陽修同為北宋前期詩文革新運動領袖。
1061	宋 嘉祐 6	玉泉寺鐵塔 (在今湖北當陽縣西) 鑄成。塔共 13 級,八面形,斗拱結構,高約 18 米,為中國現存最高鐵塔。
1061	宋 嘉祐 6	文學家、史學家宋祁卒 (998 —)。與歐陽修同修《新唐書》。
1062	宋 嘉祐 7	政治家包拯卒 (999 —)。為官清正,執法嚴明,他的事跡被後人編為戲文小說廣為流傳。

包公祠內包公像

1066	宋 治平 3	文學家蘇洵卒 (1009 —)。唐宋八大家之一,與子軾、轍合稱“三蘇”。著有《嘉祐集》。
1067	宋 治平 4	宋英宗去世。宋神宗即位,為司馬光所編《歷代君臣事跡》作序,並賜書名曰《資治通鑑》。
1067	宋 治平 4	書法家、文學家、博物學家蔡襄卒 (1012 —)。書法與蘇軾、黃庭堅、米芾並稱“宋四家”。
1067	宋 治平 4	經學家、史學家劉敞卒 (1019 —,一說 1008 — 1069)。長於《春秋》學,擺脫傳統局限,開宋儒批評漢儒先聲。

1069	宋 熙寧 2		以王安石為參知政事，設制置三司條例司，王安石變法始。本年，均輸、青苗、農田水利法等依次頒行。
1072	宋 熙寧 5		文學家、史學家歐陽修卒（1007 —）。北宋古文運動領袖，工詩詞，文為唐宋八大家之一。著《集古錄》，是中國最早研究石刻文字的專著，《六一詩話》是最早的詩話著作。有《歐陽文忠集》。
1073	宋 熙寧 6		思想家、哲學家周敦頤卒（1017 —）。他結合儒學與道家思想，提出"無極而太極"的宇宙構成論，主張聖人又依照太極建立"人極"，這是人倫道德的最高境界。後人尊他為理學的開創者。
1076	宋 熙寧 9		宋京師設立太醫局賣藥所，調製出售各種熟藥，後各地亦相繼設立，並改稱"和劑局"、"惠民局"。有些州府還設養濟院，收養一些患者。宋代除官辦藥局外，民間經營醫藥漸趨普遍。
1077	宋 熙寧 10		宋代驛站傳訊分步遞、馬遞、急腳遞。急腳遞唯用於緊急軍情和政令，日行四百里。至熙寧中，創金牌急腳遞，日行五百餘里。
1077	宋 熙寧 10		哲學家張載卒（1020 —）。主要觀點認為"氣"是充塞宇宙的實體，具有唯物主義思想。
1078	宋 元豐元		從本年起近百年間，相繼有《盤珠集》、《走盤集》、《通微集》、《通杭集》四部珠算著作問世。珠算被逐漸普遍運用。
1079	宋 元豐 2		蘇軾被御史中丞李定等彈劾作詩譏謗朝政，攻擊新法。軾遂下獄，關押四月餘，被牽連者有司馬光、蘇轍等二十二人。歷史上稱為"烏台詩案"（御史台別稱烏台）。 蘇軾像
1079	宋 元豐 2		宋畫家、文學家文同卒（1018 —）。善詩文書畫，擅畫墨竹。以竹作為獨立繪畫題材，取得重大成就者首推文同。 文同《墨竹圖卷》

遼夏金元 宋 960—1279 916—1368

遼夏金元　宋　916—1368　960—1279

1080　宋 元豐 3　蘇軾貶官黃州，自號東坡，據説"東坡肉"即其在黃州時首創烹製而知名。

1083　宋 元豐 6　文學家曾鞏卒（1019 —）。"唐宋八大家"之一。曾整理《戰國策》、《説苑》。著有《元豐類稿》。

1084　宋 元豐 7　《資治通鑒》由司馬光等修成，凡 294 卷，記自周威烈王二十三年（前 403 年），迄後周世宗顯德六年（959 年），共一千三百六十二年史事。為中國古代編年體通史的傑作。參加編修的著名學者有劉恕、劉攽、范祖禹等。

1085　宋 元豐 8　哲學家、教育家程顥卒（1032 —）。北宋理學的奠基人，他和弟頤的主張後為朱熹所繼承和發展，世稱"程朱學派"。

1086　宋 元祐元　政治家、文學家王安石卒（1021 —）。於神宗朝主持變法。唐宋八大家之一。

1086　宋 元祐元　史學家、政治家司馬光卒（1019 —）。反對王安石行新政。編纂《資治通鑒》。

1087　宋 元祐 2　宋於泉州置市舶司，為宋代對外貿易和交往的重要口岸。

祈風石刻

1095　宋 紹聖 2　科學家、政治家沈括卒（1031 —）。撰《夢溪筆談》，在世界科技史上佔有重要地位。

1100　宋 元符 3　文學家、詞人秦觀卒（1049 —）。與黃庭堅、晁補之、張來並稱"蘇（軾）門四學士"。善詩詞，詞屬婉約派。

1101　宋 建中靖國元　文學家、書畫家蘇軾卒（1037 —）。北宋一代文豪，與父洵、弟轍，合稱"三蘇"。為唐宋八大家之一，詞開豪放一派，書法為宋四家之一。

1104　宋 崇寧 3　書法家米芾將所藏晉王羲之《王略帖》、王獻之《十二月帖》、謝安《八月五日帖》在無為軍（今安徽無為）摹刻上石，此為《寶晉齋法帖》之始刻。

1105　宋 崇寧 4　文學家、書法家黃庭堅卒（1045 —）。工詩文，"蘇門四學士"之一，為江西詩派創始人。善書法，與蘇軾、米芾、蔡襄並稱"宋四家"。

1106　宋 崇寧 5　畫家李公麟卒（1049 —）。工人物，善白描，擅畫佛道像，推為

五代十國

宋

960 年 — 1279 年

遼夏金元

宋畫第一，對後代人物畫
影響巨大。

*李公麟《維摩演教
圖卷》局部（傳）*

1107	宋 大觀元		哲學家、教育家程頤卒（1033 —）。與兄顥俱學於周敦頤，並同為北宋重要理學家，世稱"二程"。
1107	宋 大觀元		書畫家米芾卒（1051 —）。書法與蔡襄、蘇軾、黃庭堅合稱"宋四家"。畫史上有"米家山"、"米派"之稱。

米芾《珊瑚帖》

1108	宋 大觀2		宋追封三國時蜀將關羽為武安王，關羽封王始此。
1110	宋 大觀4		文學家晁補之卒（1053 —）。"蘇門四學士"之一。所著《廣象譜》，證明中國象棋至宋已定型。
1112	宋 政和2		文學家蘇轍卒（1039 —）。與父洵、兄軾，合稱"三蘇"。唐宋八大家之一。
1117	宋 政和7		李似矩創成健身導引動作"八段錦"。係由導引、五禽戲基礎上發展起來的氣功保健操。南宋學者洪邁在其《夷堅誌》中對此有所記述。
1117	宋 政和7		宋於政和中雕版印行《萬壽道藏》，至此，《道藏》始有印本，成為金元各藏的藍本。
1119	宋 宣和元		宋江約於本年或本年前起義。義軍在山東、河北一帶活動。民間廣泛流傳其起義事跡，成為民間藝人演唱的題材。元末明初，施耐庵據以寫成長篇小説《水滸傳》。
1119	宋 宣和元		文學家、音樂家周邦彥卒（1056 —）。宋詞婉約派大家，被奉為"詞家之冠"。
1123	宋 宣和5		宋徐兢出使高麗，用指南針辨乘船方向，見所著《宣和奉使高麗圖經》。另有朱彧《萍洲可談》著於宣和年間，亦有指南針用於航海之記錄。

遼 夏 金 元
宋
960 — 1279
916 — 1368

| 1123 | 宋 宣和 5 | 人 | 文學家蘇過卒 (1072 —)。蘇軾幼子，人稱"小蘇"、"小坡"。 |

| 1124 | 宋 宣和 6 | 畫 | 著名畫家張擇端約於此時繪成《清明上河圖》，該圖描繪北宋都城開封的繁華景象，為宋代繪畫珍品。該圖展現出宋代城市經濟的繁榮發達。圖中可見已有算盤應用於商業貿易。 |

《清明上河圖》中
的酒肆

| 1127 | 南宋 建炎元 | 史 | 正月，金兵攻破開封。五月，康王趙構稱帝，年號建炎。南宋開始。 |

| 1127 | 南宋 建炎元 | 宗 | 僧茅子元在淀山湖創白蓮教，為佛教淨土宗支派，提倡不殺、不盜、不淫、不妄語、不飲酒"五戒"，崇奉阿彌陀佛。又稱白蓮宗、白蓮社、白蓮會，信徒稱為"白蓮菜"。 |

| 1127 | 金 天會 5 | 史 | 正月，金兵攻破開封。 |

| 1127 | 金 天會 5 | 史 | 四月，金兵北撤，擄走徽、欽二帝，及后妃、宗室、官吏等和法物禮器、圖籍文物、天文儀器、府庫積蓄。 |

| 1129 | 南宋 建炎 3 | 人 | 金石學家趙明誠卒 (1081 —)。與妻李清照同好金石圖書。仿歐陽修《集古錄》，編成《金石錄》，詮敍條理，考證精博，為金石學名著。 |

| 1129 | 南宋 建炎 3 | 農 | 建炎年間，北方人口大量南遷，有利於南方農業發展，在中國農業史上有重大意義。時南方農作物由一年一熟過渡到一年二熟制。 |

| 1132 | 南宋 紹興 2 | 科 | 首次記錄了火槍用於作戰。宋將陳規精通軍事工程，其守德安 (今湖北安陸) 時，曾用"火槍"與金人作戰，見所著《德安守城錄》。 |

| 1133 | 南宋 紹興 3 | 科 | 杜綰撰成最早的岩礦知識專著《雲林石譜》，載石品 160 種，各記產地，採法，品評高下等。 |

| 1134 | 南宋 紹興 4 | 文 | 女詞人李清照著成《打馬圖序》。過去的長行、葉子、彈棋、拐蒲等博戲或已失傳，或不流行，惟打馬頗盛，為宋代流行的博戲之一，尤為閨房喜好。 |

| 1135 | 南宋 紹興 5 | | 宋徽宗趙佶 (1082 —) 卒於五國城 (今黑龍江依蘭)。善書畫詩詞，書法自成一家，稱"瘦金體"。 |

《楷書千字文》
(局部)

| 1135 | 南宋 紹興 5 | 人 | 理學家楊時卒 (1053 —)。先後學於程顥、程頤，為 |

"程門四先生"之一，南宋時，東南學者奉為"程氏正宗"。

1135　南宋 紹興 5　　理學家羅從彥卒（1072 —）。受業於楊時，又同學於程頤，為"南劍三先生"之一。

1136　南宋 紹興 6　　宋"華夷圖"和"禹跡圖"於本年刻於石上，在同一碑正反兩面刻製兩圖。"禹跡圖"上有畫方（相當於比例坐標），為現存罕見的有畫方的地圖。碑現存西安碑林。

1140　金 天眷 3　　遼金時期華嚴宗名剎華嚴寺（在今山西大同），燬於遼末兵火，本年依舊址重建，其大雄寶殿為現存遼金時代的最大佛殿。

1142　南宋 紹興 12　　抗金英雄岳飛（1103 —）以"莫須有"罪名被宋宰相秦檜殺害。

1151　南宋 紹興 21　　泉州安平橋建成。該橋自紹興八年（1138 年）始建，橫跨安海港海灣，全長約 2.5 公里，在 1905 年鄭州黃河大橋建成以前，一直是中國最長的橋樑。

1151　南宋 紹興 21　　著名女詞人李清照約卒於本年（1084 —）。南宋婉約派代表，號"易安體"。

1151　南宋 紹興 21　　書畫家米友仁卒（1074 —）。米芾長子，人稱"小米"。善行書，喜山水畫且重寫意，以點代線，被稱為"米點山水"，是繪畫技法上的一大突破。

1155　南宋 紹興 25　　《六經圖》刊印於本年前後，楊甲撰。書中《十五國風地理之圖》為中國現存第一張印刷地圖，比歐洲現存最早地圖早三百多年。

1163　南宋 隆興元　　理學家李侗卒（1093 —）。朱熹曾從其學。"南劍三先生"之一。

1167　金 大定 7　　金道士王喆在寧海州（今山東牟平）全真庵講道，創立道教全真派。主張儒、釋、道三家合流。該教流傳極廣，入元後，成為北方道教主要派別。

1170　金 大定 10　　金道士王喆卒（1112 —）。世稱重陽真人。1167 年創全真教，並制定出家制度。其弟子有馬鈺、譚處端、劉處玄、丘處機、王處一、郝大通、孫不二，號為"北七真"。

1179　南宋 淳熙 6　　朱熹訪求白鹿洞書院遺址，重建書院，並制訂學規。後又奏請朝廷賜"白鹿洞書院"敕額和監本《九經》（1181 年）。所訂學規，不僅是南宋書院的統一教規，且元、明、清三代書院亦遵行，影響了各級官學。宋代書院大部分建於南宋，並集中在江西、湖南、浙江和福建等地。

1179　南宋 淳熙 6　　蘇州玄妙觀三清殿建成，為江南最大的古代木結構建築。

1179　南宋 淳熙 6　　始建大足石窟之寶頂山摩崖造像。為蜀中密教名僧趙智風創建，歷時七十餘年始成。其中有三十餘幅巨型雕刻，為中國現存規模最大價值最高的宋代摩崖造像；也有釋迦牟尼與老子、孔子同在一窟中的造像，體現了傳統文化中儒、釋、道三家合流的特點。

大足密教造像
千手千眼觀音

1180	南宋 淳熙 7		理學家張栻卒（1133 —）。與朱熹、呂祖謙齊名，時稱"東南三賢"。宣揚"所謂禮者天之理"。
1180	南宋 淳熙 7	科	理學家陸九齡卒（1132 —）。尊二程學說，與兄九韶、弟九淵並稱"三陸子之學"。他主張"踐履"，反對"棄日用而論心，遺倫理而語道"。
1181	南宋 淳熙 8	科	呂祖謙撰成《庚子辛丑日記》，為世界上現存最早的實測物候記錄。
1182	南宋 淳熙 9	文	女詩人朱淑真詩作《斷腸集》為魏仲恭輯成。
1183	金 大定 23		金道士馬鈺卒（1123 —）。世稱丹陽真人，創全真遇仙派。為全真道"七真"之一。亦擅針灸，著有《十二穴歌》，為針灸臨床經驗之要訣。
1188	金 大定 28	宗	金世宗遣使訪全真道門人，丘處機、王處一應召講道，深得世宗喜愛。世宗命塑純陽（呂洞賓）、重陽（王喆）、丹陽（馬鈺）三師像。
1192	金 明昌 3		盧溝橋歷時三年完工。橋全長266.5米，寬約8米，十一孔，橋欄上雕有姿態各異的石獅五百餘尊，是華北地區最大的石拱橋。
1193	南宋 紹熙 4		理學家陸九淵卒（1139 —）。南宋重要思想家，與朱熹齊名。為學強調發自本心，認為"心即理"，"吾心便是宇宙"。其學說為明代王守仁繼承發展，成為陸王學派。
1193	南宋 紹熙 4		詩人范成大卒（1126 —）。與陸游、楊萬里、尤袤合稱"南宋四大家"。
1200	南宋 慶元 6		思想家、教育家朱熹卒（1130 —）。集理學之大成，建立了完整的理學體系，世稱"程朱理學"。
1200	金 承安 5		金醫學家劉完素卒（1110 —）。金元四大（醫）家之一。治法上多用寒涼藥，並創製了眾多治療傷寒熱病的方劑，後人稱作"寒涼派"。
1204	金 泰和 4	文	蒙古消滅乃蠻族。乃蠻人塔塔統阿借用畏兀兒字母拼寫蒙古語，蒙古始有文字。此對蒙古文化發展有重大意義。
1205	南宋 開禧元		史學家袁樞卒（1131 —）。撰成《通鑑紀事本末》，創歷史編纂"紀事本末體"體裁。

遼 夏 金 元
宋

916 — 1368
960 — 1279

| 1206 | 南宋 開禧 2 | 文 | 文學家楊萬里卒 (1127 —)。詩與尤袤、范成大、陸游齊名,稱 "南宋四大家"。 |

1206　蒙古 成吉思汗元　史　蒙古各部由鐵木真統一,稱 "成吉思汗",並舉行忽里勒台大會。蒙古族的強大與統一對以後中國和世界的政治、經濟、軍事和文化史影響巨大。

成吉思汗像

1207　南宋 開禧 3　文　宋詞人辛棄疾卒 (1140 —)。豪放派的傑出代表,與蘇軾並稱 "蘇辛"。

1208　金 泰和 8　文　金章宗時,戲曲家董解元在世。解元為金元時對文人的通稱,董有《西廂記諸宮調》,從唐元稹《鶯鶯傳》取材,通稱《董西廂》,聞名於世。

1209　南宋 嘉定 2　文　僧道濟卒 (1148 —)。被稱為 "濟癲",後人以神奇怪誕傳說附會於他,撰成《濟公傳》,以他為濟公原型。

1210　南宋 嘉定 3　文　宋詩人陸游卒 (1125 —)。南宋四大家之一。一生詩作傳世近萬首,風格雄渾豪放,表現出渴望恢復國家統一的強烈感情。

1223　南宋 嘉定 16　文　哲學家葉適卒 (1150 —)。講究 "功利之學",反對空談義理性命,浙東學派重要代表。

1225　南宋 寶慶元　文　畫家馬遠約卒於本年。南宋四大山水畫家之一。善以山水一角半邊來表現整體,時稱 "馬一角"。

馬遠《踏歌圖軸》
(局部)

1227　金 政大 4　文　金道士丘處機卒 (1148 —)。"北七真" 之一,創龍門派。後被成吉思汗封為國師,總領道教。

1227　蒙古 成吉思汗 22　史　成吉思汗卒 (1162 —)。

1229　南宋 紹定 2　科　《平江圖碑》刻成,此碑係中國現存最早的石刻城市地圖。是當時平江 (今江蘇蘇州) 城防圖,反映了宋代都市的面貌。

1232　蒙古 窩闊台 4　　始建蒙古永樂宮。原名大純陽萬壽宮,是全真教道觀,因原址在山西芮城縣西永樂鎮,故稱 "永樂宮"。宮中元代壁畫總面積約 960 平方米,技藝超羣,題材豐富,為中國古代壁畫珍寶。

山西芮城永樂宮
三清殿

1232	金 開興元	金文學家、思想家趙秉文卒（1159 —）。其思想出自二程理學，其文師法歐陽修、蘇軾，尚平易，又工草書。
1241	蒙古 窩闊台13	蒙古軍西征使用火槍作戰，西方以為這是在戰鬥中首次使用燃火之箭，其實在中國早已有之。
1244	蒙古 乃馬真皇后3	政治家、作家耶律楚材卒（1190 —）。遼皇族後裔，受到元太祖成吉思汗信用，後勸說元太宗窩闊台吸取漢人政治制度，廢除屠城舊制。強調治國需用文臣，主張實行科舉取士。

1247　南宋 淳祐7　《洗冤集錄》著成，是世界上最早的法醫學專著。後頒行全國，沿用六百餘年，並流傳國外，對法醫學的發展起了重大作用。著作者是宋法醫學家宋慈（1186 — 1249）。

《洗冤集錄》的驗屍圖

1257　蒙古 蒙哥7　金文學家元好問卒（1190 —）。工詩文，文章深沉質樸，被譽為一代文宗。曾記錄金代君臣言行，凡百萬餘言，元修《金史》，多有參考。

1260　南宋 景定元　13世紀後半葉，阿拉伯國家記述火藥知識的著作《制敵燃燒火攻書》由歐洲人譯成拉丁文，而為羅吉爾・培根等學者所引述。此為中國火藥製作法經阿拉伯人傳至歐洲之始。

1260　蒙古 中統元　蒙古以吐蕃僧八思巴為國師，統管全國佛教，並管轄西藏政事，為歷史上中央朝廷對西藏行使統轄之始，對西藏經濟、文化發展影響深遠。

八思巴會見忽必烈壁畫

遼 夏 金 元 916 — 1368
宋 960 — 1279

五代十國

宋 960 年 — 1279 年 遼夏金元

| 1263 | 南宋 景定 4 | 科 | 《梓人遺制》一書著成，為中國古代紡織技術專著。其中介紹華機子、羅機子、立機子、小布臥機子等古代紡織機具的發展、功用及製作等。作者薛景石，字叔矩，萬泉（今山西萬榮）人。 |

1267 蒙古 至元 4 科 回回天文學家札馬剌丁歷時四年編成《萬年曆》，經蒙古統治者批准，在有關少數民族地區實行。此為中國歷史上第一部經政府正式批准使用的回回曆。編曆期間，在大都（今北京市）立觀象台，設各種天文觀測儀器。

1269 南宋 咸淳 5 人 文學家劉克莊卒（1187 —）。其詩學晚唐，推崇陸游，為江湖派重要作家。編有《千家詩》，為流傳久遠的蒙學教材。

1269 南宋 咸淳 5 醫 南宋醫學家陳言研究傷寒學頗具成就。他根據張仲景的病因理論著《三因極——病證方論》，收方 1050 首，認為病因源於內因七情、外因六淫，及不內外因，對病因學研究頗有影響。後醫學家沿用和據此書編成《濟生方》。

1271 元 至元 8 史 忽必烈定國號為元。

1274 元 至元 11 人 元代政治家、作家劉秉忠卒（1216 —）。其詩、詞、散曲皆有成就。

1280 元 至元 17 人 元第一代帝師八思巴卒（1235 —）。曾創製八思巴蒙文。

1283 元 至元 20 人 文學家文天祥於元大都柴市就義（1236 —）。畢生主張抗元，所作詩篇收入《指南錄》，可稱詩史，其中《過零丁洋》、《正氣歌》尤為著名。

1286 元 至元 23 科 《農桑輯要》頒行，由官府司農司編撰。是中國第一部官修官頒農書。書中反映了中國植物栽培從六至十三世紀的進步，總結了宋元時期農業生產技術。

1293 元 至元 30 科 開鑿通惠河工程竣工（始於 1291 年），由水利專家郭守敬主持。為元代傑出的水利工程。至此大運河可以從大都直達杭州，成為加強南北經濟、文化聯繫的重要水運通道。

1296 元 元貞 2 科 流落崖州（今廣東崖縣）的女紡織家黃道婆（約 1245 —），約本年返回松江烏泥涇（今上海縣華涇鎮）故鄉，帶回海南黎族人民的棉紡技術，並改革了軋花車、彈棉椎弓、紡車、織機等工具與技能，遂使棉紡技術與植棉在江南很快得到推廣。金元之際，棉花已由畏兀兒人從北路傳入陝甘地區。

1296 元 元貞 2 藝 "元貞書會"成立。該書會是元初雜劇作家的民間組織，約成立於此年或稍早，關漢卿為該書會核心人物；大都"玉京書會"亦約活動於此時，馬致遠、白樸皆曾加入該書會。

1298 元 大德 2 文 《馬可波羅遊記》成書。

1298 元 大德 2 科 木活字印書成功。安徽旌德王禎命人刻製三萬餘個木活字，同時設計轉輪排字盤，依韻排列，取字便捷。試印《旌德縣誌》成功，是為有記錄的第一部木活字印刷書籍。

古維吾爾木活字

| 1298 | 元 大德 2 | 元劇作家鄭光祖約卒於本年。所作雜劇 18 種，今存《倩女離魂》等 8 種。 |

1300　元 大德 4　元劇作家鍾嗣成編撰《錄鬼簿》成書。全書記述了金、元 152 位雜劇和散曲作家小傳以及 400 餘種戲目，為我們了解元代雜劇作家的創作活動、元雜劇的發展，提供了寶貴資料。

1300　元 大德 4　元劇作家關漢卿約於本年卒（約 1220 —）。所作雜劇 60 餘種，現存 10 餘種，《竇娥冤》、《救風塵》等皆為名作。被視為元代前期雜劇界的領袖。

《竇娥冤》

1300　元 大德 4　元劇作家王實甫，生卒不詳，其生年比關漢卿略晚。所作雜劇 10 餘種，以《西廂記》最為著稱。

1300　元 大德 4　元劇作家白樸（1226 — 1300 年後）。所作雜劇有 16 種，今存 3 種。以《梧桐雨》、《牆頭馬上》最為著稱。

1307　元 大德 11　加封孔子為"大成至聖文宣王"。"大成"之名始此。

1307　元 大德 11　史學家馬端臨撰成《文獻通考》348 卷，歷時二十餘年。該書繼杜佑《通典》之後，離析補充其門類為 24 考，唐天寶以前，據《通典》增刪而成，自天寶以後，續寫至宋寧宗嘉定末年。所載以宋制為詳，多《宋史》各志所未備。是書貫穿古今，折衷適當，為研究中國古代典制的重要史籍。與《通典》、《通志》並稱"三通"。

1315　元 延祐 2　仁宗詔令實行科舉取士，但對漢人、南人仍採取民族歧視政策，蒙古人、色目人考生考試內容少、容易，授官優越。

1322　元 至治 2　書畫家趙孟頫卒（1254 —）。以書畫最為著稱。其書法圓轉秀美，人稱"趙體"。其畫擅用書法筆調描繪古木竹石，開創元代畫風。

趙孟頫《水村圖》（局部）

1324	元 泰定元	文	《中原音韻》成書。作者周德清，字挺齋，生平不詳。本書根據元代北曲用韻情況及大都的語音系統重新設韻部，並首創陰平、陽平、上、去四聲，把入聲字分別附於三聲之尾，成為北曲正音之依據，亦對現代漢語普通話的形成具有重要影響。
1324	元 泰定元	人	雜劇作家馬致遠約卒於本年（約 1250 —）。作有雜劇 15 種，今存 6 種。以《漢宮秋》最為著名。
1329	元 天曆 2	人	元代散曲作家張養浩卒（1270 —）。有散曲集《雲莊休居自適小樂府》等。
1330	元 至順元	科	營養學家忽思慧著成《飲膳正要》，為中國較早的營養學專著。忽思慧，蒙古族，任飲膳太醫。
1343	元 至正 3	文	命修遼、金、宋三史，都總裁官為中書右丞相脫脫，總裁官鐵木兒塔識（康里人）、賀惟一、張起岩、歐陽玄、呂思誠、揭傒斯。明年，《遼史》成書，後年《金史》、《宋史》成書。參加《遼史》、《金史》纂修的少數民族史學家有畏兀兒人廉惠山海牙、沙剌班、哈剌魯人伯顏（漢名師聖，字宗道）、唐兀人斡玉倫徒等。
1345	元 至正 5		建居庸關（今北京昌平）雲台。台中券洞壁內雕有精美的佛像、花鳥，為元代雕刻藝術傑作，壁間刻有用梵、藏、八思巴、畏兀兒、西夏、漢六種文字題刻的《陀羅尼經咒》等碑刻。
1346	元 至正 6	人	地理學家周達觀卒於本年後（約 1270 —）。元貞元年曾奉命隨使真臘（今柬埔寨），年餘返回。著有《真臘風土記》，為現存記載當年柬埔寨吳哥文化極盛時代的唯一著述，也是中柬文化交流的重要資料。
1348	元 至正 8	人	文學家虞集卒（1272 —）。元仁宗時，參與編撰《經世大典》。
1348	元 至正 8	人	散曲作家張可久約本年後卒（約 1280 —）。以散曲著稱，其數量為元人之最。開一代散曲"清麗"之風。
1349	元 至正 9	科	《島夷誌略》撰成。作者汪大淵，書分百條，大多記述了作者的遊歷蹤跡，不失為元代重要地理著作。
1355	元 至正 15	人	詩人薩都剌約卒於本年（約 1305 —）。回族人（一說蒙古族）。以詩著稱，多為歌詠山水景物、歸隱賦閒之作，亦有反映人民疾

苦、諷刺上層統治者詩篇。

| 1359 | 元 至正 19 | 人 | 詩人、畫家王冕卒（約 1287 —）。善畫墨梅，花枝勁健，曾以梅花之清逸自喻。又以胭脂作"沒骨梅"，受人推崇。 |

王冕《墨梅圖》（局部）

1359	元 至正 19	人	戲曲作家高明卒（約 1305 —）。取蔡伯喈、趙五娘故事寫成南戲《琵琶記》，為南戲從民間文學過渡到文人創作時期的代表作。
1363	元 至正 23	宗	《紅冊》編成。是現存最古的藏文佛教史之一，所採用的修史體裁為後來藏文史籍沿用。由藏族史學家公哥朵兒只編撰。
1364	元 至正 24	人	西藏史學家、翻譯家布敦卒（1290 —）。著有《善逝教法史》（或譯《吐蕃佛教源流》），為西藏較早的佛教通史，與《紅冊》同為元代藏文兩大史學名著。又編有藏文《大藏經目錄》等，成為後世各版藏譯《大藏經》的依據。
1368	明 洪武元	史	朱元璋元月即帝位，因明教建國，故以明為國號，年號洪武，定都應天府，以為南京。八月明軍陷大都，元亡。元順帝逃至塞北，仍稱元，史稱北元。
1368	明 洪武元	史	詔徵舉賢才，改變元朝的民族歧視政策，對漢族及蒙古、色目等人，凡有才能者一體錄用。
1369	明 洪武 2	教	詔天下府、州、縣皆立學校，定學制。
1370	明 洪武 3	文	以宋濂、王禕為總裁，修成《元史》。自去年開始，至本年完成。由於倉促而就，對採用的史料未能詳加考訂。
1370	明 洪武 3	教	詔行科舉取士。定科舉程式，確立了以朱熹《四書集註》為基本內容、八股文體為主要形式的科舉考試制度。
1370	明 洪武 3	史	推行戶帖制度，命戶部統計天下戶籍人口、田宅財產，登記造冊。為政府徵收徭役賦稅提供了可靠依據。此舉被西方學者認為是世界上最早的人口普查。
1370	明 洪武 3	宗	確定禪、講、教三類佛教寺院，要求僧眾分別專業。禪即禪宗，講即禪宗以外的其他宗派，教即專門為人唸經的"經懺僧"。
1370	明 洪武 3	人	小說家施耐庵約卒於本年（約 1296 —）。創作長篇章回小說《水滸傳》，為古典長篇小說名著，亦是長篇白話文學的奠基之作。

| 1372 | 明 洪武 5 | 在萬里長城西端嘉峪山構築城關，是為嘉峪關（今甘肅嘉峪關市西南），為長城著名雄關。 |
| 1373 | 明 洪武 6 | 因科舉入仕者多為缺少實際經驗的少年後生，遂暫停科舉，但令官府薦舉賢才。 |

科舉考室

八股文試卷（局部）

1373	明 洪武 6	文學家、史學家王禕卒（1322 —）。與宋濂同修《元史》。著有《王文忠公集》，其中《泉貨議》是中國最早主張行使黃金或白銀鑄幣的經濟文獻。
1374	明 洪武 7	元代畫家、詩人倪瓚卒（1301 —）。擅畫水墨竹石山水，意境淡遠清逸。兼工書法。其詩自然淡雅，著有《清閟閣集》。
1375	明 洪武 8	政治家、學者劉基卒（1311 —）。助朱元璋立國。與李善長、宋濂等裁定明初典制，參與機要。
1380	明 洪武 13	始罷中書省，政務歸六部，遂廢止丞相制度，皇帝直接統轄六部。
1381	明 洪武 14	始建太祖陵寢孝陵於南京。明孝陵為中國現存最大帝王陵墓之一。
1381	明 洪武 14	大將徐達構築長城於山海關，建關設衛，關城造型宏偉壯觀，為明長城東端的重要關隘。
1381	明 洪武 14	宋濂於流放途中卒（1310 —）。主修《元史》。生平所著甚多，散文簡潔，其文宗法唐宋，力主義理、事功、文辭三統一。

明孝陵神道兩側的
石像

| 1384 | 明 洪武 17 | 🌾 | 恢復科舉考試制度，並於本年舉行科舉取士。 |
| 1385 | 明 洪武 18 | 🌾 | 觀象台在京師建立，為當時世界上設備完善的天文台。 |

南京紫金山天文台
的簡儀

1390	明 洪武 23	⚫	李善長被殺（1314 —）。曾任左丞相，明初制度多由他參與制定。
1396	明 洪武 29	🌾	制定慶賀謝恩表格式。此前十餘年間，臣僚以賀表文字觸諱被殺者甚多。如杭州府學教授徐一夔賀表有"光天之下，天生聖人，為世作則"之句。太祖謂"生"者"僧"也，"光"指剃髮，"作則"為"作賊"。犯忌者均如此類。
1398	明 洪武 31	⚫	明太祖朱元璋卒（1328 —）。
1400	明 建文 2	📖	小說家羅貫中約卒於本年（約 1330 —）。所著《三國誌通俗演義》，為中國古典歷史小說名著。
1402	明 建文 4	⚫	學者方孝孺卒（1357 —）。朱棣召其草擬即位詔書，抗命被殺，滅十族（九族及學生），死者達八百餘人。
1403	明 永樂元	🏛	改北平為京師，稱北京。亦設國子監，遂有南北二監之稱。
1403	明 永樂元	📖	命解縉等纂修《古今列女傳》。
1405	明 永樂 3	🌾	遣宦官鄭和遠航出使西洋各國，自蘇州劉家河（今江蘇瀏河）出海，為鄭和下西洋之始。

印尼爪哇島三保廟

1406　明 永樂 4　🈯 由朱橚、滕碩、劉醇等編成《普濟方》，168 卷，收 61739 醫方，明以前大部分醫學方書內容得以保存，為中國現存最大醫學方書。

1407　明 永樂 5　🈯 鄭和第一次遠航下西洋歸國。此次遠航共有大小船隻近千艘，其中"寶船"60 多艘，隨行人員達兩萬餘人，在規模與經驗上奠定了以後各次下西洋的基礎。年末，鄭和第二次下西洋。

1408　明 永樂 6　🈯《永樂大典》編成。自永樂元年（1403 年）起修纂《文獻大成》，後更名《永樂大典》，至此成書，凡 22877 卷，11095 冊，由姚廣孝，劉季篪，解縉總編，為世界上最大的類書。

1408　明 永樂 6　🈯 劇本《小孫屠》、《張協狀元》、《宦門子弟錯立身》合稱《永樂大典戲文三種》，為現存最早的南戲劇本。

1409　明 永樂 7　🈯 成祖遣使迎藏傳佛教格魯派領袖宗喀巴入京傳法，宗喀巴派弟子絳欽卻傑代行，明封其為"大慈法王"。本年，宗喀巴建甘丹寺，為格魯派第一座寺院，故格魯派亦稱甘丹派，主要倡導宗教改革，建立嚴格的學經修習與寺院管理制度。因該派僧人戴黃色僧帽，俗稱黃教。宗喀巴在拉薩舉行大祈願會，黃教漸成主流教派。

1412　明 永樂 10　🈯 屢遣使尋著名道士張三丰不得，遂發丁夫 30 餘萬，歷時七年，大營武當宮觀，計有 8 宮 2 觀，36 庵堂，72 岩廟，為宏大的道教建築羣。張三丰一說金時人，一說元時人。後人輯有《張三丰先生全集》。

1413　明 永樂 11　🈯 宦官亦失哈奉命至奴兒干與苦夷（庫頁島，今俄國薩哈林島）慰撫各族，本年建《敕修奴兒干永寧寺碑記》，為明政府對這一地區行使主權的文物見證。

1415　明 永樂 13　🈯 麻林（今非洲東岸肯尼亞的馬林迪一帶）遣使至明，贈送麒麟（長頸鹿），是為非洲國家與中國通使之始。

1416　明 永樂 14　　 建武當山金殿，全部為銅鑄鎏金，仿木結構，為中國古代建築和鑄造史上的傑作。

| 1419 | 明 永樂 17 | 西藏黃教創始人宗喀巴卒 (1357 ─)。本名羅桑扎巴，青海湟中人。著有《菩提道次第廣論》，為藏傳佛教學說總結性著作。還著有《密宗道次第廣論》。 |

1420 | 明 永樂 18 | 北京皇宮建成，即今故宮，舊稱"紫禁城"。故宮建築佈局對稱完整，層次分明，主體突出，集中體現了中國宮廷建築藝術的獨特風格與高超水平。故宮保存歷代文物亦為全國之冠。

北京宮城圖

奉天殿（今太和殿）

| 1421 | 明 永樂 19 | 正式遷都北京，稱順天府。以南京為留都。 |

| 1424 | 明 永樂 22 | 明成祖朱棣卒。葬長陵，為明十三陵（在今北京昌平區）最大和最早的陵墓。 |

| 1424 | 明 永樂 22 | 永樂年間製成並頒發雨量器供全國州縣使用，是世界上最早使用統一標準的雨量器。 |

| 1424 | 明 永樂 22 | 永樂間鑄成萬鈞大鐘，重 40 多噸，鐘身內外遍鑄佛經 22 餘萬字，字跡端樸遒勁，反映明初先進的鍛鑄工藝。現存北京大鐘寺內。 |

| 1425 | 明 洪熙元 | 始定科舉南北方按比例取士。確定各省鄉試錄取名額，南北大體以六與四比例取士。 |

| 1427 | 明 宣德 2 | 本年科舉考試始分南、北、中卷取士。每百名：南取 55 人、北取 35 人、中取 10 人。 |

| 1427 | 明 宣德 2 | 文學家瞿佑卒 (1341 ─)。作有傳奇小說《剪燈新話》，在中國 |

傳奇小說發展上起到承前啟後的作用，是唐宋傳奇到《聊齋誌異》間的過渡。

1433	明 宣德 8		鄭和遠航結束。

1435　明 宣德 10　航海家鄭和卒（1371 —）。其七下西洋是繼張騫兩通西域後中國對中西文化交流又一次開創性的偉大貢獻。現存《鄭和航海圖》，當為其遠航西洋時的海圖。

1443　明 正統 8　況鍾卒（1383 —）。與海瑞同為明代著名清官。

1445　明 正統 10　《道藏》經道士邵以正校定後刊印，名《正統道藏》，按 3 洞、4 輔、12 類編輯，收書 1426 種，為現存唯一的官修道教經書的總集。

1447　明 正統 12　興建扎什倫布寺（在今西藏日喀則南）。為班禪四世以後歷世班禪舉行宗教和政治活動的所在地。

1448　明 正統 13　戲曲理論家、劇作家、古琴家朱權卒（1378 —）。太祖第十七子。所著《神奇秘譜》為現存刊印最早的琴曲集，保存了很多前代琴譜與琴曲。《太和正音譜》為現存最早的北曲譜。又作雜劇十二種，現存《大羅天》、《私奔相如》。

1449　明 正統 14　約本年，募天下勇士。有山西武術家李通傳授京城，十八般武藝皆通，遂應首選。自南宋起，即有十八般武藝之說，至此始有具體內容的記載。

1449　明 正統 14　《九章演算法比類大全》由吳敬撰成。敬字信民，杭州仁和（今浙江杭州）人。時已廣泛使用珠算，珠算術已代替籌算，並傳到日本、朝鮮等國。

1452　明 景泰 3　小說家李禎卒（1376 —）。曾參與編修《永樂大典》。

1457　明 天順元　宦官曹吉祥與石亨、徐有貞等迎太上皇英宗入宮復辟，改元天順。史稱"奪門之變"。

1457　明 天順元　兵部尚書于謙以"謀逆罪"被殺（1398 —）。字廷益，錢塘人，能詩。萬曆時諡忠肅。有《子忠肅集》。

1457　明 天順元　故宮存有宣德間所製工藝品銅胎掐絲琺瑯器皿。該工藝至景泰年間廣泛流行，以藍釉最為出色。故習稱"景泰藍"。

*明景泰年製掐絲琺瑯八獅紋
三環尊*

1470　明 成化 6　威尼斯煉金士安東尼奧從阿拉伯人那裏學得中國燒製瓷器的方法，並將它傳至歐洲。

明

1368 — 1644

1473	明 成化 9	真覺寺（在今北京海淀區）金剛寶座塔建成。其結構和雕刻手法具有中國民族風格，而造型近似印度建築，是吸收外來文化的創造性作品。
1487	明 成化 23	《新編四季五更駐雲飛》、《新編題西廂記詠十二月賽駐雲飛》、《新編太平時調賽駐雲飛》、《新編寡婦烈女詩曲》是成化年間刊刻的明代民歌集。
1504	明 弘治 17	遣大學士李東陽赴曲阜祭孔，孔廟重修成。孔廟始自魯哀公時，歷代均有重修擴建。現存主要建築如櫺星門、聖時門、大中門、同文門、大成門、御碑亭、杏壇、聖跡殿等多為明代建築。大成殿、寢殿亦明代重修，清代又重建或擴修。
1505	明 弘治 18	長城八達嶺關城（在今北京延慶）建成，與山海關同為長城東部名勝。
1509	明 正德 4	文學家、書畫家沈周卒（1427 —）。與唐寅、文徵明、仇英並稱為“明四家”，與唐寅確立的水墨寫意花鳥對明代繪畫影響頗深。

沈周《京江送別圖》（局部）

1512	明 正德 7	文學家馬中錫卒（1446 —）。撰有小說《中山狼傳》較為著名。
1521	明 正德 16	嘉州（今四川樂山）鑿成第一口石油豎井，有數百米深。比西方早三百多年。
1522	明 嘉靖元	自嘉靖始，盛行傳奇戲劇。諸劇種如海鹽腔、餘姚腔、弋陽腔、崑山腔（即崑腔）、四平腔等經元末明初發展，至嘉靖亦頗流行，然都以演唱傳奇本為主。明中葉後出現新的戲曲形式南雜劇，形式曲調兼受元雜劇與明傳奇影響，但不及傳奇風行。
1523	明 嘉靖 2	書畫家、文學家唐寅卒（1470 —）。文與祝允明、徐禎卿、文徵明並稱“吳中四才子”。畫與沈周、仇英、文徵明合稱“明四家”。曾刻有“江南第一風流才子”印，故後世戲曲小說多以風流韻事附會之。

唐寅《洞簫仕女圖》

1527	明 嘉靖 6	重建廣勝寺上寺（在今山西洪洞東北）飛虹塔，高 47 米多，13級，塔身以三彩琉璃裝飾。形制俊拔，為中國現存琉璃塔代表作。
1528	明 嘉靖 7	哲學家、教育家王守仁卒（1472 —）。世稱陽明先生。他以陸九淵的"心學"批判朱熹的理學觀點，是明中後期最重要的思想家。
1534	明 嘉靖 13	皇史宬建成（又名表章庫），面積 2 千多平方米，通體為石結構，以避火災，為藝術性、實用性兼備的宮殿式建築。內列雕龍鎏金銅皮大木櫃，以儲檔案，為明清帝王檔案庫。 皇史宬內景
1536	明 嘉靖 15	地理學家黃衷著成《海語》，記述了當時中國南洋與東南亞各地的交通情況。
1545	明 嘉靖 24	水利專家劉天和卒。著有論述黃河、運河道及治理的重要文獻《問水集》，其中"植柳六法"一直是黃河護岸保堤的有效措施。
1547	明 嘉靖 26	年僅三歲的前藏生人鎖南嘉錯被迎至哲蚌寺坐牀，首開藏傳佛教活佛轉世繼承制度。
1550	明 嘉靖 29	約本年前後，中國"貼落"（即壁紙）由西班牙、荷蘭商人傳入歐洲，成為歐洲崇尚中國風格的室內裝潢材料與工藝品，後歐洲自製各色壁紙，圖案亦融合中西風格。
1552	明 嘉靖 31	耶穌會教士、西班牙人聖方濟各·沙勿略（Francisco de Xavier, 1506 —）卒。為西方來華傳教的先驅。他從印度果阿到廣東上川島，欲入華傳教。時明朝海禁森嚴，不得入境，遂病死該島。
1557	明 嘉靖 36	葡萄牙始於澳門設置官吏，不久，也在澳門成立耶穌會學校，為中國境內第一所教會學校。
1559	明 嘉靖 38	書畫家文徵明卒（1470 —）。"吳中四才子"之一。畫與沈周、唐寅、仇英合稱"明四家"。擅畫山水，師法宋元，構圖平穩，筆墨秀雅，形成"吳門派"。 文徵明書畫摺扇

明　1368 — 1644

| 1559 | 明 嘉靖 38 | 人 | 文學家、學者楊慎卒（1488 —）。著述宏富為明代第一。著有散曲集《陶情樂府》、雜劇《洞天玄記》、筆記《丹鉛錄》、地理志《雲南山川志》等。 |

| 1560 | 明 嘉靖 39 | 宗 | 始建塔爾寺（在今青海湟中），為藏傳佛教格魯派著名寺院，也是西北地區佛教活動中心，其藏、漢風格結合而成的古建築羣與壁畫都有文物價值。 |

| 1561 | 明 嘉靖 40 | | 天一閣建成。因避嚴嵩父子專橫，兵部右侍郎范欽還鄉，在寧波創建天一閣，為中國現存最古的藏書樓。 |

| 1566 | 明 嘉靖 45 | | 嘉靖時建蘇州拙政園，為江南名園，是中國古代園林藝術的傑作。 |

| 1566 | 明 嘉靖 45 | | 顧名世在此時於上海露香園摹仿繪畫風格，創"顧繡"，對明清以來陳設性刺繡頗有影響。與湘繡、廣繡、蜀繡並稱"四大名繡"。 |

| 1566 | 明 嘉靖 45 | | 武術家張松溪於嘉靖間以"內家拳"著名於世。內家拳以柔克剛、以靜制動、以氣運力，寓攻為守，對後來的太極、形意、八卦等拳術的創出與發展很有影響。 |

| 1567 | 明 隆慶元 | 人 | 嚴嵩卒（1480 —）。嘉靖時入閣，專國政 20 年，被後世視為權相奸臣的典型而寫入戲曲小說。 |

| 1568 | 明 隆慶 2 | 人 | 戲曲家、文學家李開先卒（1502 —）。喜藏書，重視通俗文藝，以詩文，散曲見稱。作有傳奇《寶劍記》和院本《園林午夢》。 |

| 1571 | 明 隆慶 5 | 人 | 文學家歸有光卒（1501 —）。反對當時復古派"文必秦漢"之說，與王慎中、唐順之、茅坤開"唐宋派"。 |

| 1571 | 明 隆慶 5 | | 約在隆慶年間人痘接種法首先在寧國府太平縣（今屬安徽）試行。17 世紀末傳入俄國、土耳其及西歐。 |

| 1573 | 明 萬曆元 | | 廣西容縣真武閣建成。全閣用近三千條大小鐵木構件，以槓桿結構原理串連吻合，相互制約扶持，合為一體，為建築史上奇跡。 |

| 1576 | 明 萬曆 4 | 文 | 西班牙地理學家拉達據泉州土話用西班牙文編撰成《華語韻編》，為第一部中外語言字典。拉達曾抵達福建沿海。 |

| 1578 | 明 萬曆 6 | 宗 | 西藏黃教首領鎖南嘉錯應蒙古俺答汗邀請，至青海仰華寺供養，並受"達賴喇嘛"尊號，此為"達賴三世"（前二世追認）。"達賴"蒙語意為"大海"。"達賴"尊號始此。喇嘛，意為"上師"、"高僧"。從此，黃教傳入蒙族地區。 |

| 1580 | 明 萬曆 8 | 科 | 戚繼光發明"自犯鋼輪火"，或以為是最早的地雷。 |

| 1580 | 明 萬曆 8 | 人 | 抗倭名將俞大猷卒（1503 —）。抵禦東南倭寇，多立戰功，與戚繼光齊名。 |

| 1582 | 明 萬曆 10 | | 本年前後，葡萄牙人將煙草、望遠鏡等首次帶進中國。至崇禎時已頗有人以吸煙為樂。 |

| 1582 | 明 萬曆 10 | 小說家吳承恩約卒於本年（約 1500 —）。所著長篇小說《西遊記》為中國古典神話小說之傑作。 |
| 1583 | 明 萬曆 11 | 意大利傳教士利瑪竇（Matteo Ricci, 1552 — 1610）在廣東肇慶始傳教，將自製地圖及渾儀等天文儀器，連同來華所帶的自鳴鐘、三棱鏡等均陳列室內，供人參觀。此為先進的西洋科學儀器傳入中國之始。 |

利瑪竇像

1584	明 萬曆 12	外國傳教士羅明堅用中文寫作的天主教教理《天主實錄》（一名《聖教實錄》），經利瑪竇和中國文士修訂，在肇慶印出。是為西人最早用中文寫作並印行的宗教書籍。
1584	明 萬曆 12	利瑪竇在肇慶繪成《山海輿地圖》，圖中繪列經緯度、赤道，並稍變常法，移繪中國近圖中央，地名均漢譯，為新型世界地圖傳入中國之始。
1585	明 萬曆 13	奧斯汀會士門多薩在羅馬出版西班牙文的《中華大帝國史》，此為用西文最早系統介紹中國史地的著作，不久譯成意、法、英、德等文字，在歐洲廣為印行。
1587	明 萬曆 15	封蒙古俺答汗妻三娘子為"忠順夫人"，她於萬曆九年（1581 年）俺答汗死後，主持政務達 30 餘年，對促進蒙漢地區間的經濟文化起過積極作用。
1587	明 萬曆 15	海瑞卒（1514 —），南京為之罷市送喪。以為政清正剛直，被後人視為清官典範。
1587	明 萬曆 15	抗倭名將、軍事家戚繼光卒（1528 —）。提倡拳術以禦倭，對後世拳術的發展影響較大。
1590	明 萬曆 18	神宗定陵完工（萬曆十二年始建）。1956 年曾對其進行考古發掘，其建築與隨葬品對研究明代陵寢制度極有價值。
1590	明 萬曆 18	文學家、學者王世貞卒（1526 —）。善詩，主張"文必秦漢，詩必盛唐"。與李攀龍等同為"後七子"。
1591	明 萬曆 19	《寶坻勸農書》刊行。為農學家袁黃所撰，對於治理鹽鹼土地提出解決辦法。袁黃，字坤儀，號了凡，浙江嘉善（今浙江北部）人。還著有《皇都水利》等書。
1592	明 萬曆 20	《直指算法統宗》著成。為流傳廣泛的珠算書，最早提出使用珠

明

1368 — 1644

算開平方、開立方的運算方法。作者程大位（1533 — ?），字汝恩，號賓渠，安徽休寧人。

| 1593 | 明 萬曆 21 | 文 | 儒家《四書》由利瑪竇譯成拉丁文，寄回意大利，為《四書》最早譯本。 |

| 1593 | 明 萬曆 21 | 科 | 譯自西班牙文《自然法的修正與改進》的《無極天主正教真傳實錄》，以中文刊行於菲律賓馬尼拉，為最早以中文介紹西方生物學知識的著作。書共九章，除三章宣揚天主教義，一章論地理，其餘五章均與生物學知識有關。 |

| 1593 | 明 萬曆 21 | 科 | 醫藥學家李時珍卒（1518 —）。著成《本草綱目》，收藥 1932 種，為中醫藥物學總結性的巨著，亦是一部博物學著作。 |

| 1593 | 明 萬曆 21 | 文 | 文學家、書畫家徐渭卒（1521 —）。詩文奇險奔放。文學批評方面提倡獨創，對公安派頗有影響。創作雜劇有《四聲猿》等。其書法長於行草。擅水墨畫。 |

| 1594 | 明 萬曆 22 | 教 | 東林書院建成。以忤旨革職還家的顧憲成，在無錫建東林書院，與弟允成及高攀龍等講學，諷議朝政，評論人物。後鄒元標、趙南星等亦相繼講學，朝士遙相應和。東林黨議始此。

"東林舊址" 石牌坊

| 1595 | 明 萬曆 23 | 科 | 水利專家潘季馴卒（1521 —）。所著《河防一覽》為明代治黃的代表作。 |

| 1596 | 明 萬曆 24 | 科 | 據《唐縣誌》載，本年已用"火爆法"採礦，或說即用火藥爆破技術採礦之始。此前早已使用"燒爆法"（即用火燒礦牀，再淋以水，使礦石爆裂，以便開採）。又據《物理小識》，至遲明末已發明煉焦法，提高了冶金技術。 |

| 1596 | 明 萬曆 24 | 教 | 利瑪竇到達北京，進贈天主、聖母像、十字架、《聖經》、《萬國圖誌》及自鳴鐘、西琴等於神宗。神宗命內臣從其學琴，並准許其定居北京。 |

| 1602 | 明 萬曆 30 | 文 | 思想家、文學家李贄以"惑亂人心"罪被捕，自殺獄中（1527 —）。抨擊禮教和道學，貶斥《六經》和《論語》、《孟子》。他最早重視對通俗文學的研究和批評，曾評點《水滸傳》、《西廂記》等。 |

| 1605 | 明 萬曆 33 | 文 | 利瑪竇《西字奇蹟》在北京印行。是為在華刊印的第一部拉丁拼音的語文書，使拉丁字母及拼音法正式在中國傳佈。 |

| 1606 | 明 萬曆 34 | 文 | 《金瓶梅》至遲本年已經成書印行，為明代長篇世情小說的代表 |

作，多反映市民生活習俗。該書語言熟練，結構完整，對中國古典長篇小說發展很有影響。然淫穢描述較多，歷代均禁。其作者自署蘭陵笑笑生，究竟何人，各說不一。

| 1607 | 明 萬曆 35 | 科 | 徐光啟與利瑪竇合譯《幾何原本》前六卷譯成，對當時中國的數學發展有一定影響。 |

| 1607 | 明 萬曆 35 | 文 | 今存滿文老檔以本年記事最早，止於 1636 年。共 180 冊，是研究滿族早期社會歷史與語言文字的重要文獻。 |

| 1609 | 明 萬曆 37 | 宗 | 利瑪竇在北京創立天主會，規定入會教士按月聚會，濟貧為務；並督建北京大教堂。 |

| 1609 | 明 萬曆 37 | 人 | 農學家楊時喬卒。著有《馬政記》、《馬書》、《牛書》等，為明代農學重要典籍。 |

| 1610 | 明 萬曆 38 | 人 | 意大利傳教士利瑪竇卒（1552 —）。為明末來華傳教士中影響最大者。與徐光啟、李之藻等中國學者合作，將西方一些自然科學知識傳入中國。 |

利瑪竇繪《坤輿萬國全圖》

| 1610 | 明 萬曆 38 | 人 | 科學家朱載堉約卒於本年（1536 —）。明宗室。通曉曆律、數學，首創用等比級數劃分音律之法，並且系統闡述了十二平均律的理論，對於論述曆算歲差的方法也取得成就。 |

| 1610 | 明 萬曆 38 | 人 | 文學家袁宏道卒（1568 —）。文學上反對擬古傾向，強調抒寫"性靈"，與兄宗道，弟中道並稱"三袁"，而以他成就最大。 |

| 1610 | 明 萬曆 38 | 人 | 戲曲作家沈璟卒（1533 —）。所撰《南九宮十三調曲譜》被當時曲家所宗。著有傳奇《義俠記》等十餘種。被推崇為戲曲"吳江派"之祖。 |

| 1612 | 明 萬曆 40 | 科 | 《泰西水法》在北京刊印，意大利傳教士熊三拔（Sabbatini de Urisis, 1575 — 1620）著，為中國第一部介紹西方農田水利的專著。 |

| 1613 | 明 萬曆 41 | 科 | 由李之藻編著的《同文算指》成書，次年刊行。係據克拉維斯《實用算術概論》與程大位《直指算法統宗》編譯而成，是介紹西方筆算的第一部著作，亦為中西算術融彙之始。 |

| 1615 | 明 萬曆 43 | 宗 | 努爾哈赤正式建立八旗制度，即將全體女真人分別編入紅、黃、藍、白、鑲紅、鑲黃、鑲藍、鑲白八旗中，一旗即一固山，下設 |

明

1368 — 1644

五甲喇，一甲喇為五牛錄，每牛錄為三百人。八旗制實為軍政合一制。努爾哈赤為八旗總首領。

| 1615 | 明 萬曆 43 | 尹 | 道教要籍《性命圭旨》著成。傳為尹真人弟子所著。此書前有新安震初子余永寧本年序。書以老君、釋迦、孔子為三聖，表明全真道流行後三家合一說的盛行，又以圖配文說明內功修煉過程及細節，皆兼採儒、釋。 |

1615　明 萬曆 43　"梃擊案"發生。張差手執木杖闖入太子（光宗）宮中，打傷太監數人後被執。時人懷疑係鄭貴妃所指使，欲謀殺太子。然神宗與太子不欲深究。遂為"梃擊案"。

1615　明 萬曆 43　朱謀㙔所著《水經注箋》刊行，為《水經注》第一部重要注本。

1615　明 萬曆 43　戲曲作家梅鼎祚卒（1549 —）。其戲曲作品注重詞藻，喜用典故。今存傳奇《玉合記》、《長命縷》及雜劇《崑崙奴》。

1616　後金 天命元　女真族首領努爾哈赤在赫圖阿拉（今遼寧新賓）舉事稱汗，國號金，年號天命。史稱後金。

1616　明 萬曆 44　劇作家、文學家湯顯祖卒（1550 —）。關漢卿後又一戲劇巨匠。所作以《牡丹亭》最為著名，與其《紫釵記》、《南柯記》、《邯鄲記》合稱"臨川四夢"，其文辭風格被稱為"臨川派"或"玉茗堂派"。

明朝說唱刊本

1618　明 萬曆 46　戲曲理論家、作家呂天成約卒於本年（1580 —）。著有《曲品》，保存了不少明代戲曲史料並論及戲曲創作問題。

1619　明 萬曆 47　武術家陳元贇東渡日本（一說 1621 年赴日），十年後移居日本西久保國寺，傳浪士三浦義辰等三人少林拳法。三浦等三人為日本柔道創始人，元贇對日本柔道發展起了一定的作用。

1620　明 泰昌元　"紅丸案"和"移宮案"起。明神宗死（1563 —）。光宗即位，因病服太監崔文升藥及鴻臚寺丞李可灼所進紅丸，數日病死。時人疑鄭貴妃指使下毒，崔、李遂被謫戍，此為"紅丸案"。光宗死，熹宗當立。廷臣恐熹宗養母李氏操縱朝政，迫令遷出乾清宮，此為"移宮案"。

1620　明 泰昌元　中國名酒西鳳酒，於萬曆年間由開業於陝西鳳翔柳林鎮的昌順振酒坊開始生產。

1620　明 泰昌元　長篇神魔小說《封神演義》於隆慶、萬曆間成書。由許仲琳據宋元話本《武王伐紂平話》並參考古籍記載，以及博採民間傳說，虛構演繹而成。

	1620	明 泰昌元	周嘉冑所著《裝潢誌》於萬曆間成書,為中國較早論述書畫裝裱技藝的專著。
	1620	明 泰昌元	萬曆舉人胡震亨編成《唐音統籤》,輯錄了所見唐人詩篇及有關唐詩資料。清人即在此書基礎上編成《全唐詩》。
	1620	明 泰昌元	針灸學家楊繼洲,萬曆時曾任職太醫院。著有《針灸大成》,對針灸學的發展較有貢獻。
	1621	明 天啟元	《武備誌》由學者茅元儀編著成書,廣採歷代軍事書籍 2 千多種,且科學、交通、體育等方面史料也多收入。書中所載 "火龍出水"等,為現代火箭前身;《鄭和航海圖》亦賴此書傳世。元儀字止生,號石民,歸安(今浙江吳興)人。崇禎時卒。
	1621	明 天啟元	戲曲作家、文學家臧懋循卒。萬曆四十四年編成《元曲選》,對元雜劇的保存與流傳很有貢獻。
明	1623	明 天啟 3	《職方外記》由意大利傳教士艾儒略(Julio Aleni)著成,是第一部系統介紹五大洲各國風土、民俗、氣候、名勝的中文地理著作。
1368 — 1644	1623	明 天啟 3	醫學家陳司成著成《黴瘡秘錄》,是第一部論治性病的中醫專書。
	1623	明 天啟 3	戲曲理論家、作家王驥德約卒於本年。所著《曲律》主張既重曲律,又重內容,從作曲到劇本結構都有系統論述,是中國最早且較全面的戲曲論著。
	1625	明 天啟 5	楊漣、左光斗等因去年彈劾魏忠賢而遭酷刑。東林黨人亦因此遭受迫害,受拷掠死者甚眾。以東林書院為首,全國書院皆遭禁毀。
	1625	明 天啟 5	命編次 "梃擊"、"紅丸"、"移宮" 三案始末,實為閹黨翻案之書,藉以攻擊東林黨。
	1626	後金 天命 11	後金努爾哈赤死(1559 —)。他對滿族初期的政治制度與經濟文化發展貢獻很大,清朝建立後追尊為太祖。
	1626	明 天啟 6	明寧遠守將袁崇煥用西洋大炮擊退來攻的金兵。或說努爾哈赤即中炮而死。
	1626	明 天啟 6	《五經》由法國傳教士金尼閣(Nicolas Trigault)譯成拉丁文,在杭州刊印,為儒家經籍最早刊印的西文譯本。
	1626	明 天啟 6	《西儒耳目資》刊印。法國傳教士金尼閣著。本書以漢語所用的 25 個字母拼合漢字讀音,幫助西方人學習漢語而用。為中國傳統的反切法另闢新徑,引起中國音韻學家對拼音文字的重視與研究。
	1627	明 天啟 7	《奇器圖說》刊行。本書為瑞士傳教士鄧玉函(Jean Terrenz)所著,由王徵譯繪。是最早譯成中文的介紹西方機械工程學的著作。
	1628	明 崇禎元	崇禎間始以活字版印刷邸報。
	1629	明 崇禎 2	形成於明末的氣功書《易筋經》,本年始見抄本流傳。

1629	明 崇禎 2	藝	《睡畫二答》由意大利傳教士畢方濟（Francesco Sambiaso）著作並印行，是從理論上介紹西洋畫法的第一本中文譯著。
1630	明 崇禎 3	科	《國脈民天》由學者耿蔭樓約本年著成，重點討論區種法，以解決人多地少問題。
1631	明 崇禎 4	科	《名理探》由葡萄牙傳教士傅泛際與李之藻合作翻譯，在杭州刊行，為西方邏輯學的第一部中文譯著。
1632	後金 天聰 6		後金學者達海卒（1595 —）。奉命改造額爾德尼、噶蓋所製滿文，增為 12 字頭，並在字旁加圈點以明音義等。滿文至此始漸完備。
1633	明 崇禎 6	史	復社開虎丘（在今江蘇蘇州）大會，與會者數千人。復社繼東林後而成為一大政治集團。
1633	明 崇禎 6		科學家徐光啟卒（1562 —）。明末清初西學東漸，以其推動最先最力。主持編修《崇禎曆書》。所著《農政全書》及所譯《幾何原本》最為著名。
1634	明 崇禎 7	科	"窺筒"由湯若望（Johann Adam Schall VonBell）監製並正式安裝，此為中國製造的第一架天文望遠鏡。
1634	明 崇禎 7	史	馮夢龍出任福建壽寧知縣。任上曾起草《禁溺女告示》，以革陋俗。明代前已有溺女嬰之惡習，清代尤盛。

明代綠漆描金花望遠鏡

| 1635 | 明 崇禎 8 | 科 | 《崇禎曆書》修成。採用丹麥天文學家第谷·布拉赫（Tycho Brahe）宇宙體系和幾何學、球面三角等演算法，修成《崇禎曆書》137卷。此為中國曆法參用西法之始，該書較系統地介紹了歐洲天文學知識。 |

《崇禎曆書》中的望遠鏡圖

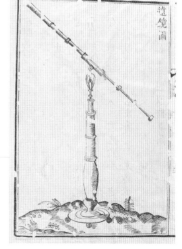

| 1636 | 清 崇德元 | 史 | 後金皇太極改國號為清，改女真族為滿族。 |

1636	明 崇禎 9	人	書畫家董其昌卒（1555 —）。書法灑脫秀逸，自具特色，對後來書法影響很大。擅畫山水，創山水畫南北宗之説。對明末清初畫壇影響深遠。
1636	明 崇禎 9	人	醫學家陳實功卒（1555 —）。具有豐富中醫外科經驗，著有《外科正宗》，為中醫學的重要著作。
1637	明 崇禎 10	科	科學家宋應星著《天工開物》刊行，為中國古代工農業生產技術總結性巨著，具有重要的科學價值。
1637	明 崇禎 10	人	文學家劉侗卒（約 1594 —）。與于奕正合著《帝京景物略》，為記述北京風物之作。
1638	明 崇禎 11	文	《皇明經世文編》由陳子龍等編成。書凡 508 卷，收錄明代各家有關經世的奏疏、文章，為研究明史的重要文獻。
1638	明 崇禎 11	史	《三朝遼事實錄》由王在晉著成。該書記錄了萬曆四十六年後及泰昌、天啟三朝的遼東戰事。在晉字明初，太倉（今屬江蘇）人。還著有《海防纂要》、《歷代山陵考》等。
1639	明 崇禎 12	人	文學家、書畫家陳繼儒卒（1558 —）。所輯《寶顏堂秘笈》保存了一些小説和掌故資料。
1639	明 崇禎 12	人	醫學家張景嶽卒（1562 —）。著有《景嶽全書》，為重要醫學著作。
1641	明 崇禎 14	人	地理學家、旅行家徐霞客卒（1586 —）。足跡遍及南北，其日記記述了所到之處的地理、水文、地質、植物等資料。對於石灰岩岩溶地貌的記載，較西方早約二個世紀。死後，所記經人整理，成《徐霞客遊記》。
1641	明 崇禎 14	人	文學家張溥卒（1602 —）。曾創復社，從事文學、政治活動。
1642	明 崇禎 15	宗	藉青海蒙古固始汗之力，達賴五世消滅藏巴汗，確立黃教政教合一的地位。
1642	明 崇禎 15	人	文學家沈德符卒（1578 —）。字景倩，又字虎臣，浙江嘉興人。精通音律，熟悉掌故。撰有《野獲編》，多記萬曆以前朝章掌故及戲曲小説資料。另有《清權堂集》等。
1643	明 崇禎 16	科	《火攻挈要》刊行。本書由湯若望口授、焦勗評述，附圖 40 幅，是較早系統介紹西方製炮技術和銃炮戰術的著作。
1643	明 崇禎 16	人	音韻學家畢拱辰約卒於本年。字星伯，萊州掖縣（今屬山東）人。曾整理譯述鄧玉函《人身説概》，是為介紹西方解剖生理學的最早論著。自著《韻略彙通》，定 16 韻，反映北方話語音系統，可據以研究普通話語音的來源和歷史。
1643	明 崇禎 16	史	明代中葉馬吊牌漸趨流行，以合 40 葉紙牌而成，故亦稱"葉子戲"，葉子上每畫以人像，以明末陳洪綬《水滸葉子》最為著名，馬吊牌博戲之風漫延明清兩代。
1643	明 崇禎 16	●	楊柳青年畫在崇禎年間始創於今天津西南楊柳青，為中國北方著

明清

1636 — 1911
1368 — 1644

名民間木版圖畫。創於明代的著名民間木版年畫還有盛行江南一帶的桃花塢年畫與流行華南的佛山年畫。

| 1644 | 明 崇禎 17 | 🏛 | 三月，李自成起義軍攻佔北京，明思宗自縊，明朝滅亡。 |

| 1644 | 明 崇禎 17 | 🏛 | 五月，史可法、馬士英擁立福王朱由崧在南京即帝位，為弘光帝，史稱南明。 |

| 1644 | 清 順治元 | 🏛 | 十月，清世祖福臨即皇帝位，定都北京。頒佈剃髮令，並允許滿洲貴族圈地佔地。 |

| 1644 | 清 順治元 | 🏛 | 清世祖親臨太學祭奠孔子。 |

| 1644 | 清 順治元 | 🎓 | 於北京、南京分別設立南北國子監，以祭酒為其首長，為國家之最高學府及全國教育管理機構，詔文官三品以上得蔭一子入監讀書。又於北京四城各立八旗官學，以為八旗子弟讀書之所。 |

北京國子監牌坊

| 1644 | 清 順治元 | 🎓 | 恢復科舉考試。沿襲明制，定鄉、會試條例。 |

| 1644 | 清 順治元 | 🔔 | 定圜丘、方澤大祭樂舞儀式，以祀天地。 |

| 1644 | 清 順治元 | 🔬 | 德國傳教士湯若望（Johann Adam Schall von Bell）用新法推算日食勝於舊法，遂以新法制定新曆，名"時憲曆"。 |

| 1644 | 清 順治元 | 📖 | 設四譯館，翻譯回回、女真、暹羅等十種文字，隸屬翰林院。 |

| 1644 | 清 順治元 | 👤 | 文學家凌蒙初卒（1580 —）。所著《拍案驚奇》初刻、二刻為明代著名白話短篇小說集，世稱"二拍"。 |

| 1645 | 清 順治 2 | 🏛 | 定孔子名號為"大成至聖文宣先師"，後改稱"至聖先師"。 |

| 1645 | 清 順治 2 | 🔔 | 青海和碩特蒙古固始汗尊西藏黃教領袖羅桑·卻吉堅贊為"班禪博克多"，是為班禪四世（前三世為追認），班禪名號自此始，常駐日喀則扎什倫布寺。此後歷世班禪轉世，必經中央政府冊封。達賴與班禪分別統轄前藏和後藏。 |

| 1645 | 清 順治 2 | 🔔 | 羅馬教廷禁止在華天主教徒參加中國傳統的祀孔、祭祖禮儀。 |

| 1646 | 清 順治 3 | 🏛 | 南明唐王被俘致死，後桂王朱由榔即帝位，為永曆帝。 |

| 1646 | 清 順治 3 | 🏛 | 清朝第一部法典《大清律》修成，頒行全國。 |

| 1646 | 清 順治 3 | 🎓 | 初行鄉試，定明年舉行會試。 |

| 1646 | 清 順治 3 | 👤 | 文學家馮夢龍卒（1574 —）。編有白話小說集《喻世明言》、《警世通言》、《醒世恆言》，世稱"三言"。 |

| 1646 | 清 順治 3 | 👤 | 戲劇家阮大鋮卒（1587 —）。南明弘光時任兵部尚書，後降清。著有《燕子箋》、《春燈謎》等傳奇。 |

清

1636 — 1911

1648	清 順治 5	🈲	准許滿漢官民聯姻。
1650	清 順治 7	🈯	改南京國子監為江寧府學,只以北京國子監為太學。
1650	清 順治 7	🈴	畫家曾鯨卒(1568 —)。擅長畫人物,受西洋畫法影響而不拘泥傳統,遂出新意,風行一時。
1650	清 順治 7	🈺	明督師瞿式耜卒(1590 —)。南明弘光時任廣西巡撫,後擁立桂王。與清軍作戰被俘遇害。詩作慷慨悲壯,抒發了愛國情懷。
1652	清 順治 9	🈯	令各地不准創立書院、聚羣結黨、空談廢誤學業。
1652	清 順治 9	🈴	令各地坊間書賈只許刊行宣揚理學之書,其餘淫詞濫語、窗藝社稿禁止流行。
1652	清 順治 9	🈯	本年會試分滿、漢二榜,以後兩科合而為一。
1652	清 順治 9	🈺	冊封達賴五世,確定了達賴在西藏的政治、宗教之統治地位。
1652	清 順治 9	🈺	敕封關羽為"忠義神武關聖大帝",歲以五月十三日致祭。
1652	清 順治 9	🈴	畫家陳洪綬卒(1598 —)。擅畫人物、花鳥。繪有《水滸葉子》、《九歌》等繡像插圖,為明清間版畫精品。

清

1636 — 1911

陳洪綬繪花鳥圖

1655	清 順治 12	🈴	文學家侯方域卒(1618 —)。孔尚任所著傳奇《桃花扇》即以他與名妓李香君事跡為題材。
1656	清 順治 13	🈺	羅馬教廷頒令在華教徒可以參與中國祭祖、祀孔之禮儀,但未否定原禁令,至使在華傳教士各持己見行事。
1657	清 順治 14	🈯	順天鄉試主考官李振鄴、張我樸因受賄舞弊被斬。江南主考方猷、錢開宗等舞弊事被揭發,於次年處以絞刑。又有河南、山西、山東考官以違例受到嚴處。對此史稱"丁酉科場案"。
1657	清 順治 14	🈯	於理藩院下,設唐古特學,主管教授唐古特文(藏文)及翻譯藏文文書。
1657	清 順治 14	🈴	史學家談遷卒(1593 —)。字孺木,浙江海寧人。撰成編年體明史《國榷》。
1659	清 順治 16	🈴	藏書家毛晉卒(1599 —)。喜好鈔錄秘笈,繕寫精良。曾校刻《十三經》等,並建汲古閣收藏宋元刻本八萬餘冊。
1660	清 順治 17	🈴	科學家宋應星約卒於本年(1587 —)。著《天工開物》,詳細記載了各種生產技術,為中國古代科技名著。
1661	清 順治 18	🈺	鄭成功率領軍隊驅走荷蘭侵略軍,收復台灣。清廷頒佈禁海令。

1661	清 順治 18	🔵	蘇州諸生金聖歎等人以知縣貪賄濫刑，聚眾哭於文廟，被處死刑。
1661	清 順治 18	🔵	意大利傳教士衛匡國卒於中國（1614 —）。著《中國歷史》、《中國新地圖冊》等，向歐洲人介紹了中國史地。又著《中國文法》，為歐洲學者研習漢字的重要工具書。
1661	清 順治 18	🔵	戲曲作家鄒式金生活於明末清初。編有《雜劇新編》，收錄 23 個戲曲作家的 34 種劇作。
1661	清 順治 18	🔵	藏書家、目錄學家黃虞稷生活於明末清初。於千頃堂藏書六萬餘卷。又編著《千頃堂書目》，為查考明代典籍的重要目錄。
1661	清 順治 18	🔵	明末清初圍棋國手過百齡對傳統着法進行興革，著有《四子譜》等。
1662	清 康熙元	文	蒙古史學家小徹辰薩囊著成《蒙古源流》（原名《寶貝史綱》），為研究元、明兩代蒙古事跡的重要史書。
1662	清 康熙元	🔵	鄭成功卒（1624 —）。抗清及抗擊荷蘭侵佔台灣之名將，並為發展台灣的經濟、文化作出貢獻。
1663	清 康熙 2	🔵	莊廷鑨案發。莊廷鑨私修《明史輯略》，家人在其死後刊刻該書，被人告發，清廷嚴厲追查。於本年，莊廷鑨被戮屍，家人及書賈工匠等七十餘人遭株連。
1663	清 康熙 2	🔵	康熙帝詔令鄉、會試停用八股文體，改以策、論、表、判取士。至 1668 年，恢復八股文考試。
1664	清 康熙 3	🔵	文學家錢謙益卒（1582 —）。以詩文著稱，為明末文壇領袖。以諂事南明權貴及降清為人所斥。
1664	清 康熙 3	🔵	文學家、南明大臣張煌言被俘遇害（1620 —）。其詩文慷慨激昂。有《張蒼水集》。
1664	清 康熙 3	🔵	女詩人柳如是卒（1618 —）。明末名妓，後為錢謙益妾，明亡時，勸錢謙益自殺，未允。能詩畫，有《戊寅草》、《柳如是詩》等。
1666	清 康熙 5	🔵	德國傳教士湯若望卒（1591 —）。明末來中國，參與修訂曆法，編成《崇禎曆書》。入清後，任欽天監監正。一度被劾下獄。著有《主教緣起》等。
1669	清 康熙 8	🔵	命比利時傳教士南懷仁督造新式天文儀器，有赤道經緯儀、低平經緯儀等六件，康熙十二年（1673 年）造成。

南懷仁製銀鍍金渾天儀

1670	清 康熙 9	⊛	說書藝人柳敬亭約卒於本年。本姓曹，江蘇通州（今南通）人。以擅長說《水滸》、《隋唐》等著稱於世。
1671	清 康熙 10	文	史學家計六奇著成《明季北略》、《明季南略》等編年史書，記述明末清初史事。六奇（1622 — ?）字用賓，江蘇無錫人。
1671	清 康熙 10	人	思想家、科學家方以智卒（1611 —）。對天文、地理、歷史、物理、生物、醫藥、文學、音韻等皆有研究。著有《通雅》、《物理小識》等書，以唯物思想對西方神學及宋明理學給予批判。
1671	清 康熙 10	人	詩人吳偉業卒（1609 —）。擅七律及七言歌行詩，《圓圓曲》等為其名作。
1671	清 康熙 10	人	戲曲家李玉約卒於本年（約 1591 —）。創作戲曲傳奇 40 餘種，《清忠譜》等皆其名作。又編訂《北詞廣正譜》，為研究北曲曲律之名著。
1672	清 康熙 11	人	醫學家吳有性卒（1592 —）。其名著《瘟疫論》突破傳統瘟疫病因舊說，創立"癘氣"病因學說，對中醫學說有所發展。
1673	清 康熙 12	人	僧隱元卒（1592 —）。原屬禪宗臨濟宗楊岐派。清初至日本，創立黃檗宗。
1673	清 康熙 12	人	史學家馬驌卒（1621 —）。以研究先秦史著稱。編著《繹史》等。
1676	清 康熙 15	人	史學家、戲曲家查繼佐卒（1601 —）。著有《罪惟錄》、《魯春秋》等。
1678	清 康熙 17	教	首開"博學鴻詞"科，徵天下已仕、未仕名士一百八、九十人至京，明年應試。
1679	清 康熙 18	教	博學鴻詞科開考，薦舉應試者百餘人。康熙帝親自選拔，授以翰林職，修撰《明史》。朱彝尊、毛奇齡等俱在其中。但顧炎武、黃宗羲等拒不赴京應試。
1679	清 康熙 18	人	文學家張岱卒（1597 —）。其散文以清新雋永著稱，尤擅小品。有《西湖夢尋》、《陶庵夢憶》等文集。
1680	清 康熙 19	人	戲曲理論家、劇作家李漁約卒於本年（1611 —）。《閑情偶寄》為其戲曲理論集。
1682	清 康熙 21	人	思想家朱之瑜卒（1600 —）。明亡後從事抗清活動，後流居日本講學，對日本學術思想頗具影響。有《朱舜水集》。
1682	清 康熙 21	人	思想家顧炎武卒（1613 —）。明清之際重要思想家，提倡經世致用之學，批判理學空談。開清代考據學之風氣。著有《日知錄》等。
1683	清 康熙 22	史	清軍攻克台灣，完成中國統一。並於明年設府，隸福建省。
1684	清 康熙 23	文	清代東北第一部地方誌《盛京通誌》纂成刊行。此後乾隆時又三次續修。
1684	清 康熙 23	人	思想家傅山卒（1607 —）。其學廣涉經史諸子及佛道，並精醫學。提倡對諸子的鑽研，開清代子學研究之風氣。

清　1636 — 1911

1685	清 康熙 24	●	文學家納蘭性德卒（1655 —）。以詞著稱，尤擅小令，情調清婉感傷，間有雄渾之作。有《納蘭詞》等。
1686	清 康熙 25	●	文學家董說卒（1620 —）。通經學，工草書。所作小說《西遊補》以譏諷世態聞名。又編撰戰國制度《七國考》。
1687	清 康熙 26	科	康熙帝命法國傳教士張誠（Jean Francois Gerbillon）、白晉（Joachim Bouver）為御前侍講，講授測量學、幾何學、解剖學、化學等知識。
1687	清 康熙 26	文	比利時傳教士柏應理（Philippe Couplet）向歐洲介紹孔子思想及儒家經典，於本年在巴黎刊印《中國哲學家孔子》，並附載了拉丁文本的《論語》、《中庸》、《大學》。
1688	清 康熙 27	●	水利學家陳潢卒（1637 —）。主張治理上游。注重水土保持，其以水攻沙的做法對治理黃河頗見成效。著有《河防述言》等。
1689	清 康熙 28	●	學者吳任臣卒。兼通經史及天文曆算，曾預修《明史》。著有《十國春秋》，以紀傳體記述五代時期的十國歷史。
1691	清 康熙 30	●	第一位中國籍天主教的主教羅文藻卒（1616 —）。字汝鼎，福建福安人。曾在馬尼拉進修神學，回國後在南京就任主教，負責全國教務。
1692	清 康熙 31	●	思想家王夫之卒（1619 —）。人稱船山先生。批判宋明理學的唯心學說，總結和發展了中國傳統的唯物思想。
1692	清 康熙 31	●	史地學家顧祖禹卒（1631 —）。曾參與修撰《大清一統志》。編撰《讀史方輿紀要》，論述了清代地理沿革。
1693	清 康熙 32	●	著名建築設計工匠雷發達卒（1619 —）。曾參與北京故宮太和殿等工程的重建。子孫繼承其業，主持宮廷營造達二百年，如圓明園等建築皆為雷氏設計，人稱"樣子雷"。

營建紫禁城所用的墨斗

紫禁城鍾粹宮樑架
結構模型

1694	清 康熙 33	宗	台灣雲林縣首建朝天宮廟宇，俗稱媽祖廟，奉祀宋代林姓女子。相傳林女渡海升天為神，閩粵沿海及台灣居民遂視其為航海平安及年歲豐收之神。
1694	清 康熙 33		經學家徐乾學卒（1631 —）。曾主持編修《大清一統志》、《清會典》等。彙集唐代以來學者解經諸說，編為《通志堂經解》。藏書頗豐，有《傳是樓書目》。
1695	清 康熙 34	文	吳楚材等選編《古文觀止》刊成，為舊時古文啟蒙讀本。
1695	清 康熙 34		思想家黃宗羲卒（1610 —）。所著《明儒學案》，為中國最早的學術史專著。
1697	清 康熙 36		醫學家王宏翰卒。為最早接受西醫學說之醫學家。融彙中西醫學思想，著成《醫學原始》等。
1700	清 康熙 39	文	法國傳教士巴設（J.Basset）本年將拉丁文《聖經》首次譯成中文白話。
1701	清 康熙 40		藏書家錢曾卒（1629 —）。輯有《述古堂書目》、《也是園書目》，並撰《讀書敏求記》。
1702	清 康熙 41		史學家萬斯同卒（1638 —）。曾參加修撰《明史》，並著有《歷代史表》等。
1703	清 康熙 42	文	彙集唐五代詩歌之總集《全唐詩》編成，由翰林院侍講彭定求等編纂，收詩 48900 餘首、詩人 2200 餘人。
1703	清 康熙 42		文學家葉燮卒（1627 —）。以詩論聞名。著《原詩》，闡述了詩歌的發展及創作等理論。
1704	清 康熙 43		經學家閻若璩卒（1636 —）。參與編修《大清一統志》。考定了《古文尚書》為東晉梅賾所偽作，開啟乾嘉考據之學風。
1704	清 康熙 43		戲劇家洪昇卒（1645 —）。以創作《長生殿》傳奇而聞名。
1705	清 康熙 44		書畫家朱耷約卒於本年（約 1626 —）。號八大山人。為明宗室，後為僧、道。擅水墨寫意，其魚鳥每作"白眼向人"，山水亦意境冷寂，以寄寓亡國之痛。

八大山人《竹石雞圖》（局部）

1706	清 康熙 45		西藏活佛詩人倉央嘉錯卒（1683 —）。曾被立為六世達賴，但未受冊封，卒於前往北京途中。創作詩歌 60 餘首。
1707	清 康熙 46	宗	因羅馬教廷禁止來華傳教士遵從中國祀孔、祭祖習俗，康熙帝令在華傳教士遵行中國禮法，違者驅逐出境。
1709	清 康熙 48		文學家朱彝尊卒（1629 —）。以詩詞著稱，詩風清新，詞精音律，

編有《詞綜》。又通經史，著有《經義考》等。

| 1710 | 清 康熙 49 | 文 | 大型類書《淵鑒類函》奉命編成，以供採摭詞藻、典故之用。 |

1711　清 康熙 50　🏛 江南科考案發，考官受賄，諸生數百人抬財神入學宮抗議。至後年，主考官左必蕃革職，副主考官趙晉被斬。

1711　清 康熙 50　文 大型類書《佩文韻府》編成，詞語分韻編排，下註音訓、出典，可供語辭檢索。

1711　清 康熙 50　文 學者吳乘權編成《綱鑒易知錄》，為簡略的編年體通史，供初學歷史者習讀。

1711　清 康熙 50　☪ 伊斯蘭教學者馬注卒（1640 —）。回族。精通伊斯蘭教經典，並至各地宣講，頗有影響。輯有《清真指南》。

1711　清 康熙 50　文 文學家王士禎卒（1634 —）。以詩文著稱。創 "神韻說" 論詩。著有《池北偶談》、《漁洋詩話》等。

1715　清 康熙 54　文 文學家蒲松齡卒（1640 —）。以所撰《聊齋誌異》著稱，為文言短篇小說之傑作。

1716　清 康熙 55　文 大學士張玉書等奉命編成《康熙字典》，共收 47035 字，是中國古代收字最多的字典。雖然疏漏和錯誤很多，但流行於世仍很有影響。

1716　清 康熙 55　學者毛奇齡卒（1623 —）。曾參與修《明史》，並治經史、音韻學。反對程朱，提倡漢儒《易》學。

1717　清 康熙 56　畫家王翬卒（1632 —）。創虞山畫派。曾受康熙帝之命，主繪《南巡圖》。

1718　清 康熙 57　戲劇家孔尚任卒（1648 —）。以撰《桃花扇》傳奇聞名於世。

1718　清 康熙 57　畫家石濤約卒於本年（約 1642 —）。擅畫山水，主張創新，筆墨恣肆，意境蒼莽，對揚州畫派及近世國畫頗有影響。

石濤《山水圖冊》

1719　清 康熙 58　🔬 中國第一部經實測、採用經緯標識、梯形投影繪製的《皇輿全覽圖》完成。此為全國地圖集，歷時 30 餘年繪成。

1719　清 康熙 58　文 大型分類辭書《駢字類編》奉敕編成。以兩字詞語按門類編次，可供檢索詞藻、典故之用。

1721　清 康熙 60　文 大型類書《子史精華》奉敕編成，採集子史中的名言雋語，按類編排，可供檢尋採擷詞藻。

1721　清 康熙 60　學者梅文鼎卒（1633 —）。精於天文曆算，並重視西洋演算法。其著作彙為《勿庵曆算全書》。

1722　清 康熙 61　☿ 清聖祖康熙帝卒（1654 —）。

1722	清 康熙61	學者何焯卒（1661 —）。著名校勘學家，著有《義門讀書記》等。
1722	清 康熙61	類書《格致鏡原》於康熙年間由陳元龍輯成。彙集古籍中有關博物、工藝等記載，分為 30 類，為研究古代科技史的重要參考書。
1722	清 康熙61	水利史資料巨著《行水金鑒》編成，上起禹貢，下迄康熙末年，載錄重要水系源流、變遷、施工等。本書由鄭元慶編輯。元慶（1660 — ?）字子餘，浙江歸安（今吳興）人。
1723	清 雍正元	令各地西洋傳教士繳回前內務府所發傳教票，皆去澳門居住。
1725	清 雍正3	大型類書《古今圖書集成》由蔣廷錫等奉敕編成，分門別類，內容繁富。先是康熙時，陳夢雷輯成《古今圖書彙編》，至是重輯而成此書。
1726	清 雍正4	因查嗣庭所擬江西鄉試試題譏刺朝廷，遂興大獄，並停浙江鄉、會試。嗣庭卒於獄中。
1726	清 雍正4	火器發明家戴梓卒（1649 —）。曾發明"連珠銃"（又稱連珠火銃），可視為第一代機關槍。
1728	清 雍正6	應俄羅斯之請，詔設俄羅斯學館，隸國子監，准俄國大臣子弟來京學習滿、漢語文及經史典籍。
1729	清 雍正7	曾靜、呂留良反清案發，雍正帝親自治獄。後將呂留良著作及歷次上諭編為一書，名《大義覺迷錄》，刊佈天下。
1735	清 雍正13	耶穌會會士杜赫德（J. B. Du Halde）編撰之《中華帝國誌》在巴黎出版，此為第一部系統介紹中國社會之書，被譽為中國百科全書，成為歐洲人了解中國的重要材料。
1735	清 雍正13	黃履莊為康熙、雍正間人，曾設計製造多種儀器、機械，如驗燥濕器可預證陰晴、瑞光鏡光射數里以及望遠鏡、顯微鏡、多級螺旋水車等。著有《奇器圖略》。
1736	清 乾隆元	舉行博學鴻詞科取士，中者 15 人，知名學者杭世俊、齊召南等在其中。
1739	清 乾隆4	江南貢生蔣振生呈進手書《十三經》。至 1785 年，將其楷書經文刻於石上，共 190 塊，立於國子監，此為清刻石經。
1740	清 乾隆5	重修《大清律例》完成。
1742	清 乾隆7	吳謙等奉敕修成《醫宗金鑒》，於 1749 年正式刊行，為臨床醫學重要文獻。
1743	清 乾隆8	清官修地理總志《大清一統志》初次完成，歷時 55 年。後於 1748年、 1842 年兩次增修，為研究中國歷史地理的重要參考文獻。
1744	清 乾隆9	于敏中等奉詔為內廷秘笈編撰《天祿琳琅書目》，以經史子集為綱，並詳記其題跋、收藏印記等。
1744	清 乾隆9	輯錄內廷秘藏書畫之《石渠寶笈》編成。
1744	清 乾隆9	《八旗滿洲氏族通譜》編成。記載了八旗滿洲各氏族源流演變。

清

1636 — 1911

| 1746 | 清 乾隆 11 | | 周祥鈺等奉命編成《九宮大成南北詞宮譜》，共收南北曲二千餘曲牌、四千餘曲調，為研究南北曲音樂的重要文獻。 |

| 1747 | 清 乾隆 12 | | 梁詩正等奉詔彙集內廷所藏明以前法帖，編成《三希堂石渠寶笈法帖》(即《三希堂法帖》)，並令工匠刻於石上。 |

《三希堂法帖》

《三希堂法帖》之王羲之《快雪時晴帖》

| 1747 | 清 乾隆 12 | | 詔令依《文獻通考》體例，編修自宋寧宗嘉定年間至清乾隆時政治制度沿革，為《續文獻通考》。1761 年又將其中清朝部分自為一書，名《清文獻通考》。 |

| 1748 | 清 乾隆 13 | | 畫家高鳳翰卒 (1683 —)。"揚州八怪"之一。擅畫花鳥、山水，用筆蒼勁。 |

| 1749 | 清 乾隆 14 | | 文學家方苞卒 (1668 —)。提倡古文，為桐城派領袖。 |

| 1751 | 清 乾隆 16 | | 內廷畫家奉命繪朝、日、英、法等二十餘國及藏、滿、蒙、維及其他民族男女服飾，並鐫刻《皇清職貢圖》。 |

| 1752 | 清 乾隆 17 | | 經重新測算星表，並參照西法星表，編成《儀象考成》。錄星3083 顆。至 1844 年續編，增為 3240 顆。 |

| 1753 | 清 乾隆 18 | | 畫家高翔卒 (1688 —)。"揚州八怪"之一。長於山水，畫梅風格秀朗。亦善詩、治印。 |

| 1754 | 清 乾隆 19 | | 詔令各地查禁《水滸傳》。 |

| 1754 | 清 乾隆 19 | | 文學家吳敬梓卒 (1701 —)。以所著小說《儒林外史》聞名，對晚清譴責小說的產生具有影響。 |

1754	清 乾隆 19		畫家李方膺卒（1695 —）。"揚州八怪"之一。擅長松竹蘭梅及小品。
1755	清 乾隆 20		史學家全祖望卒（1705 —）。研治宋末和南明史事。所著《鮚埼亭集》收載明清之際碑傳史料頗多。
1756	清 乾隆 21	●	德州生員楊淮震投獻火器製造技法之書《霹靂神策》，被責打黜革。
1756	清 乾隆 21		畫家華嵒卒（1682 —）。擅以枯筆乾墨繪畫花鳥山水，對其後花鳥畫影響頗大。

華嵒《秋樹八哥圖》

1759	清 乾隆 24		畫家汪士慎卒（1686 —）。"揚州八怪"之一。擅繪花卉，尤長畫梅。
1760	清 乾隆 25	●	顧世澄編成重要外科醫學著作《瘍醫大全》。
1762	清 乾隆 27		學者江永卒（1681 —）。鑽研禮學，校勘考據，多有創見。又精音韻。著有《周禮疑義舉要》、《近思錄集解》等。
1762	清 乾隆 27		畫家李鱓卒（1686 —）。"揚州八怪"之一。其畫參以書法用筆，風格獨特。
1763	清 乾隆 28		文學家曹雪芹約卒於本年或次年。所著長篇小說《石頭記》（即《紅樓夢》）在中國古典小說中享譽最高。
1763	清 乾隆 28		書畫家金農卒（1687 —）。"揚州八怪"之一。擅長書法繪畫，尤喜畫梅，且精於金石鑒賞。
1764	清 乾隆 29		學者秦蕙田卒（1702 —）。著《五禮通考》，為研究古代禮制重要參考書。
1765	清 乾隆 30		書畫家鄭燮卒（1693 —）。"揚州八怪"之一。長於畫蘭竹，工書法，能詩文。
1765	清 乾隆 30		曆算家明安圖卒（約 1691 —）。證出了西方人沒能證明的三個求圓周率公式，又自創六個公式。著有《割圓密率捷法》，未竟而卒，由其子及學生續成。對中國近代數學發展有重要貢獻。
1766	清 乾隆 31		意大利傳教士郎世寧卒（1688 —）。歷任康、雍、乾三朝內廷畫師。其畫參酌中西繪法，名作有《百駿圖》等。又曾參與圓明園之西洋建築設計。

清

1636 — 1911

1767	清 乾隆 32	文	《續文獻通考》編成。命續修《續通典》、《續通志》、《清通典》、《清通志》。至 1783 年前後成書。
1768	清 乾隆 33		畫家黃慎卒於本年後（1687 —）。"揚州八怪"之一。善畫人物，兼工花鳥、山水。亦能詩。
1769	清 乾隆 34		文學評論家沈德潛卒（1673 —）。著有《說詩晬語》，論詩主格調。所選《古詩源》、《唐詩別裁》等皆有影響。
1772	清 乾隆 37	文	命開館編纂《四庫全書》，以紀昀為總裁，自上年訪購天下遺書，始編《四庫全書》。歷經十年完成。 《四庫全書》書影
1776	清 乾隆 41	文	乾隆帝命刪改詆謗清朝舊籍，並延及"南宋人書之斥金、明初人書之斥元"等書籍。
1777	清 乾隆 42		學者戴震卒（1723 —）。創皖派考據學。以"理存於慾"批判了程朱理學的"去人慾"思想。
1778	清 乾隆 43		于敏中等依《四庫全書》式樣，選擷精華，歷經五年，於本年輯成《四庫全書薈要》，收書 464 種。
1779	清 乾隆 44		文學家劉大櫆卒（1698 —）。桐城派文學首領之一。提倡古文，發展了崇古、擬古的文學理論。
1780	清 乾隆 45	文	命將戲曲劇本中有違礙清朝統治之處，進行刪改。對於宋金之事，詞曲、劇本有過當者，均一體飭查。
1780	清 乾隆 45	文	四庫館開具應全部或部分銷毀書目，共 325 部。
1785	清 乾隆 50	文	續修《大清一統志》、《遼金元三史國語解》成書。
1788	清 乾隆 53		經學家莊存與卒（1719 —）。清代"公羊學"首倡者，所著《春秋正辭》頗有影響。
1788	清 乾隆 53		學者翟灝卒（1736 —）。對清代俗語有專門研究，搜集俗語五千餘條，編為《通俗編》。

| 1789 | 清 乾隆 54 | 文 | 紀昀等奉命撰成《四庫全書總目提要》，並經修改，於本年寫定刻版。 |

| 1789 | 清 乾隆 54 | 人 | 學者蔣良驥卒（1722 —）。曾任國史館纂修。他抄輯清開國至雍正末史料，撰成編年史《東華錄》。 |

| 1790 | 清 乾隆 55 | 藝 | 為慶賀乾隆帝八十壽辰，四大徽班（三慶、四喜、春台、和春）進京，繼秦腔之後，盛行京師。後與其他劇種結合，於嘉慶、道光時形成京劇。 |

清宮藏戲劇圖冊
《柴桑口》

| 1792 | 清 乾隆 57 | 宗 | 定以"金奔巴"（金瓶）抽籤法確定西藏轉世班禪、達賴喇嘛之制。 |

| 1792 | 清 乾隆 57 | 人 | 史學家梁玉繩約卒於本年（約 1717 —）。著有《史記志疑》、《漢書人表考》等。 |

金奔巴壺

| 1793 | 清 乾隆 58 | 宗 | 頒佈《欽定西藏善後章程》，確定西藏政教合一制度。 |

| 1793 | 清 乾隆 58 | 外 | 英國馬戛爾尼（George Macartney）使團抵華，請求派員駐京及在寧波、天津等處通商、傳教，此為西方早期企圖敲開中國大門之舉動，但遭清廷拒絕。此次覲見，引發跪拜禮儀之爭。 |

| 1794 | 清 乾隆 59 | 人 | 學者汪中卒（1745 —）。其著《哀鹽船文》著稱於世。 |

| 1795 | 清 乾隆 60 | 人 | 校勘學家盧文弨卒（1717 —）。精於校勘，曾校補《宋史》、《列子》等，又刻有《抱經堂叢書》等。 |

| 1797 | 清 嘉慶 2 | 人 | 女天文學家王貞儀卒（1768 —）。精通天文、氣象、數學等。以地圓思想著《地圓論》。 |

| 1797 | 清 嘉慶 2 | 人 | 史學家王鳴盛卒（1722 —）。以考證方法治史，所著《十七史商榷》詳於典章制度之考訂。 |

| 1798 | 清 嘉慶 3 | 人 | 文學家袁枚卒（1716 —）。以"靈性説"論詩。其詩對漢儒及程 |

朱理學有所抨擊。著有《隨園詩話》和筆記小説《子不語》等。

| 1800 | 清 嘉慶 5 | 人 | 輯佚學家章宗源卒（1752 —）。所輯佚書《燕丹子》等十餘種，多收入《平津館叢書》。 |

1801　清 嘉慶 6　人　學者章學誠卒（1738 —）。所著《文史通義》為史學理論名著。

1804　清 嘉慶 9　人　學者錢大昕卒（1728 —）。於音韻訓詁學方面的研究多有創見。又於史學研究長於校勘考訂，著有《廿二史考異》等。

1805　清 嘉慶 10　人　藥學家趙學敏卒（約 1719 —）。長年鑽研醫藥，著《本草綱目拾遺》，收《本草綱目》未載藥物 760 種。

1814　清 嘉慶 19　人　史學家趙翼卒（1727 —）。長於史學考據，著有《廿二史札記》等。又有《甌北詩話》等，論詩崇尚"獨創"。

1815　清 嘉慶 20　人　文學家姚鼐卒（1732 —）。桐城派重要作家，著有《惜抱軒全集》。

1815　清 嘉慶 20　人　文學家高鶚約卒於本年（約 1738 —）。一般認為，《紅樓夢》後 40 回為鶚續成（或為鶚與程偉元共續），並對前 80 回有所改動。

1815　清 嘉慶 20　人　學者段玉裁卒（1735 —）。以《説文解字註》最為著稱。

1816　清 嘉慶 21　人　學者崔述卒（1740 —）。注重考辨先秦古事，對近代學術界疑古風氣頗有影響。

1818　清 嘉慶 23　人　學者孫星衍卒（1753 —）。於經史、諸子、文字、音韻、金石等方面皆有著述。撰有《尚書今古文註疏》等。

1818　清 嘉慶 23　文　《芥子園畫傳》第四集刊行。為康熙年間王概等編撰，以木刻彩色套印。康熙時刊行前三集。至此，系統介紹中國畫基本技法的圖譜、解説，全部刊行。便於初學者參考。

1820　清 嘉慶 25　人　學者焦循卒（1763 —）。於經史、曆算、聲韻、訓詁等皆有研究，並重視對地方戲曲的研究。

1822　清 道光 2　文　澳門出版、發行了葡萄牙文《蜜蜂華報》，為中國最早的外文報紙。

1823　清 道光 3　人　經學家郝懿行卒（1755 —）。長於名物訓詁、考據之學，對《爾雅》研究最深。

1825　清 道光 5　人　學者黃丕烈卒（1763 —）。著《士禮居藏書題跋》為重要的目錄學著作。

1829　清 道光 9　文　阮元主編《皇清經解》刊行。為清代訓解儒家經典書籍彙編，收清初至乾嘉時的經學著作 180 餘種。

1829　清 道光 9　人　經學家劉逢祿卒（1776 —）。著《左氏春秋考證》，為引導清代今文經學的興起起了重要作用。

1830　清 道光 10　人　小説家李汝珍約卒於本年（約 1763 —）。精於音韻。以所撰長篇小説《鏡花緣》著稱。

1831　清 道光 11　火　醫學家王清任卒（1768 —）。著《醫林改錯》，糾正了前代醫書中關於臟器結構、功能的某些錯誤，富有科學創新精神。

| 1832 | 清 道光 12 | 👤 | 學者王念孫卒（1744 —）。精於校勘訓詁，於考據學成果豐富。撰有《廣雅疏證》、《讀書雜誌》等。 |

1833　清 道光 13　文 西方傳教士在中國創辦第一家中文月刊《東西洋考每月統記傳》在廣州刊行。為普魯士傳教士郭士立（Karl Friedrich August Gtzlaff）所辦。

1834　清 道光 14　👤 學者王引之卒（1766 —）。精於音韻訓詁，著有《經傳釋詞》、《經義述聞》等。

1835　清 道光 15　👤 學者顧廣圻卒（1760 —）。精於校勘、目錄之學。名家刻書，多請他校勘。著有《思適齋集》。

1836　清 道光 16　👤 學者瞿紹基卒（1772 —）。以宋元善本藏於鐵琴銅劍樓。與杭州丁國典之八千卷樓、吳興陸心源之皕宋樓、聊城楊以增之海源閣並稱為晚清四大藏書樓。

1839　清 道光 19　🏛 林則徐銷毀鴉片。

吸食鴉片用具

1840　清 道光 20　🏛 英國對中國發動侵略戰爭，史稱鴉片戰爭。

1841　清 道光 21　👤 學者龔自珍卒（1792 —）。今文經學家，力主"更法"、"改圖"，對腐敗吏治多所抨擊。

1842　清 道光 22　🏛 鴉片戰爭失敗，清政府被迫與英國簽訂中國近代第一個不平等條約《南京條約》。

1842　清 道光 22　文 學者魏源在林則徐支援下編撰《海國圖志》成書。

1843　清 道光 23　👤 學者嚴可均卒（1762 —）。通音韻文字之學，並精於考古。曾輯《全上古三代秦漢三國六朝文》。

1843　清 道光 23　🔬 機械製造家丁拱辰將所著《演炮圖說》增修為《演炮圖說輯要》，其中《西洋火輪車、火輪船圖說》為中國學者首次關於蒸汽機、火車、輪船的著述。拱辰（1800 — ?），字星南，回族，福建晉江人。

1846　清 道光 26　🔬 光學家鄭復光著《鏡鏡詅癡》成書，對透鏡製造等做了系統介紹。另著有《弗隱與知錄》、《火輪船圖說》，對奇異現象進行科學探索及闡述了蒸汽機原理、輪船構造等。

1847	清 道光 27	教	在廣州馬禮遜學堂的中國學生容閎、黃勝等去美國，進麻省芒松學校求學。為中國最早赴美留學生。馬禮遜（Robert Morrison）係英國新教傳教士，1807 年至中國廣州傳教。

清朝首批出洋留學的幼童

1847	清 道光 27	文	俞萬春繼 70 回《水滸傳》之後，撰成小說《蕩寇誌》，終將梁山蕩平、水滸人物誅滅。萬春（1794 — 1849），字仲華，浙江山陰（今紹興）人。
1848	清 道光 28	宗	洪秀全著《原道覺世訓》，確立其反清思想。
1849	清 道光 29	人	學者阮元卒（1764 —）。提倡以考據之學研究經書，主編《經籍纂詁》、彙刻《十三經註疏》、《皇清經解》等，以彙總乾嘉樸學成就。
1850	清 道光 30	人	政治家林則徐卒（1785 —）。字少穆，福建侯官（今閩侯）人。曾查禁鴉片，組織人翻譯西方報刊書籍，編成《四洲誌》，較早把歐洲地理、歷史、政治、民俗等介紹到中國。
1853	清 咸豐 3	文	中國境內最早的鉛字排印中文雜誌《遐邇貫珍》在香港出版。
1853	清 咸豐 3	教	太平天國設添刪書衙，對四書五經進行刪改。並首次開科取士。
1853	清 咸豐 3	人	經學家馬瑞辰卒（1782 —）。以精研毛詩著稱，有《毛詩傳箋通釋》。
1853	清 咸豐 3	人	陳式太極拳創始人陳長興卒（1771 —）。長興，溫縣（今屬河南）人。
1855	清 咸豐 5	人	經學家劉寶楠卒（1791 —）。以治《論語》著稱，有《論語正義》傳世。
1858	清 咸豐 8	文	中國人自辦的最早的近代報紙《中外新報》在香港問世。
1858	清 咸豐 8	人	學者朱駿聲卒（1788 —）。以治《說文》及經學訓詁著稱。著有《說文通訓定聲》，為世人所重。
1859	清 咸豐 9	人	音樂家華秋蘋卒（1784 —）。又名文彬，江蘇無錫人。編有琵琶譜《南北二派秘本琵琶譜真傳》，曾於 1818 年刊行，對後世頗有影響。

1860	清 咸豐 10	📕	英法聯軍進入北京，燒燬譽為"萬園之園"的皇家園林圓明園，並破壞、搶劫大量珍寶、文物。

大水法遺蹟

1862	清 同治元	📗	清廷總理衙門所屬同文館開學，挑選八旗子弟入學，聘請英國傳教士講授英語。明年，原俄羅斯學館歸併進來，並增設法文館，以教授俄、法等語言。
1864	清 同治 3	👤	太平天國干王洪仁玕去世（1822 —）。著有《資政新篇》，倡導實行西方各種制度。
1865	清 同治 4	👤	學者王茂蔭卒（1798 —）。提出發行可兌換鈔幣，取消鑄大錢的貨幣理論，遭咸豐帝申斥。
1866	清 同治 5	📗	奕訢奏請於同文館內增設天文算學館，遂在是否要學習西方的問題上，引起清廷的一場爭論。次年天文算學館成立。
1866	清 同治 5	📗	左宗棠在福建設立船政學堂，分造船、駕駛等科。為中國最早的近代海軍學校。次年開學。
1869	清 同治 8	📗	美國公理會傳教士謝衛樓（Devello Z. Sheffield）於河北通州創辦潞河男塾，後改稱潞河書院、華北協和大學。1919 年與北京匯文大學等校合併而成燕京大學。
1872	清 同治 11	📘	英人在上海創辦《申報》，後為中國人收購繼辦，至 1949 年停刊。此為近代最久的報紙之一。
1872	清 同治 11	📗	清政府派遣第一批留學生梁敦彥、詹天佑等 30 人在容閎率領下赴美留學。以後每年派遣 30 名，相繼四年而止。
1872	清 同治 11	📘	英國路透社來上海建立遠東分社，為外國通訊社最早在華建立的分支機構。
1872	清 同治 11	👤	曾國藩卒（1811 —）。創辦湘軍，鎮壓太平軍。提倡桐城派古文，創"同光體"詩派。
1873	清 同治 12	📘	張德彝撰成《隨使法國記》，對親眼所見的普法戰爭和巴黎公社做了記載。
1873	清 同治 12	👤	楊氏太極拳創始人楊福魁卒（1800 —）。字露禪，河北永年（今河北南部）人。
1874	清 同治 13	👤	馮桂芬卒（1809 —）。以改良變法思想撰成《校邠廬抗議》，許多改良思想和主張對洋務派官僚很有影響。

清

1636 — 1911

1876	清 光緒 2	文	上海《申報》發行增刊《民報》，為中國最早的白話文報刊。
1878	清 光緒 4	史	中國海關總稅務司英國人赫德（Robert Hart）在天津等地試辦郵政，成立海關郵政辦事處，不久發行大龍郵票。

貼有大龍郵票的
明信片

1880	清 光緒 6	教	李鴻章在天津創辦北洋水師學堂，以嚴復為總教習。
1880	清 光緒 6	文	黎庶昌在日本搜求中國失逸古書殘本，由楊守敬編為《古逸叢書》26 種刊行。楊後於 1897 年又編撰《日本訪書誌》。
1885	清 光緒 11	人	左宗棠卒（1812 —）。洋務派代表人物之一，曾鎮壓太平軍和捻軍。擊敗俄、英等，收復新疆失地。
1887	清 光緒 13	文	曾紀澤在英國刊物上以英文發表《中國先睡後醒論》，為香港報紙轉載，頗有影響。不久何啟等撰文《曾論書後》，認為中國尚未覺醒，治國須以"公與平"抵制專制的"私與偏"。曾紀澤（1839 — 1890），字劼剛，曾國藩之子。
1887	清 光緒 13	文	黃遵憲著《日本國誌》，介紹日本明治維新經驗。
1888	清 光緒 14	文	王先謙收集阮元《皇清經解》所遺及以後經學名著 209 部，編成《皇清經解續編》，於本年刻竣。
1889	清 光緒 15	人	學者汪士鐸卒（1802 —）。曾論述人口增長對社會狀況具有深刻影響，主張節制生育。
1891	清 光緒 17	人	外交家郭嵩燾卒（1818 —）。中國首任駐外公使，著有《使西紀程》等。
1894	清 光緒 20	人	藏書家陸心源卒（1834 —）。精於版本源流及金石考古，建有皕宋樓、十萬卷樓等用以藏書。
1895	清 光緒 21	史	清政府被迫簽訂中日《馬關條約》。康有為聯合各省應試舉人舉行"公車上書"，掀起維新運動。
1895	清 光緒 21	教	盛宣懷在天津創建中西學堂，為中國較早培養工程技術人才大學，後曾改名天津大學堂、北洋大學等，為天津大學前身。
1895	清 光緒 21	史	日軍佔領台灣。中日戰爭期間，抗議日本侵略、抨擊清政府腐敗的文學作品大量湧現。有文人的詩文、小說，如黃遵憲《度遼將軍歌》、孔廣德編選《普天忠憤集》、高太癡《台灣巾幗英雄傳》等，也有《甲午竹枝詞》等民間文學流傳。
1896	清 光緒 22	史	清政府成立大清郵政，任命英國人赫德為總郵政司。

清

1636 — 1911

1896	清 光緒 22	文	《時務報》在上海創刊。由梁啟超任主編，以宣傳變法為主旨。1898 年停刊。梁啟超的《變法通義》陸續發表後，在全國反響熱烈。
1896	清 光緒 22	影	上海徐園"又一村"放映西洋電影，為中國放映電影之始。
1896	清 光緒 22	教	刑部左侍郎李端棻奏請設立京師大學堂，光緒帝命管理官書局大臣孫家鼐籌辦。
1896	清 光緒 22	科	羅振玉等以推廣農業技術為宗旨，創立學農會，又名務農會。明年又辦《農報》館。出版了七集《農學叢書》（包括二百餘種譯著）。至 1907 年停辦。
1896	清 光緒 22	文	黃遵憲、梁啟超、譚嗣同、丘逢甲等一批新派詩人提倡詩歌表現新思想、運用新辭彙，掀起近代詩歌的改良風潮。
1896	清 光緒 22		武訓卒（1838 —）。山東堂邑（今屬聊城）人。以乞討所得置地放債，創辦義學，受到清廷褒獎。
1897	清 光緒 23	文	商務印書館開業。為夏瑞芳、鮑咸恩等集資在上海創辦。
1897	清 光緒 23	教	在盛宣懷支援下，南洋公學在上海創立。是為上海交通大學前身。
1898	清 光緒 24	教	6 月，光緒帝頒《明定國是詔》，宣佈實行變法，詔令廢八股取士，改試策論；廢除考試五言八韻詩；興辦學堂，兼習中西之學等。並把成立京師大學堂作為變法維新第一項措施。任命孫家鼐為學校第一任管學大臣。

京師大學堂教職員

新式國文教科書

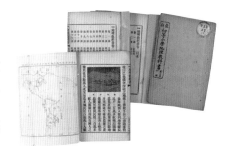

| 1898 | 清 光緒 24 | | 康有為進呈"上清帝第六書"，闡述變法綱領。又刊行其《孔子改制考》，以歷史進化論作為變法理論根據。 |

1898	清 光緒 24	⊕	9 月慈禧太后發動政變，變法維新失敗，所設新政大多中止。
1898	清 光緒 24	文	嚴復翻譯英國赫胥黎（Tomas H. Huxley）的《天演論》出版，以"物競天擇，適者生存"思想宣揚中國必須自強圖存，社會反響強烈。
1898	清 光緒 24	文	張之洞發表《勸學篇》，鼓吹"舊學為體，新學為用"。
1898	清 光緒 24	文	馬建忠所撰《馬氏文通》出版，為中國學者參考拉丁語法，系統研究漢語語法的專著。
1898	清 光緒 24	教	12 月 31 日京師大學堂正式開學。明年，因八國聯軍侵佔北京，學校一度停辦。
1899	清 光緒 25	⊕	《大清會典》及《光緒會典事例》撰成。
1899	清 光緒 25	⊕	瑞典人斯文赫定（Sven A. Hedin, 1865 — 1952）本年第三次來華，進入新疆塔克拉瑪干，發現樓蘭古城，並帶走大量歷史文物。他於 1885 — 1935 年七次來中亞及中國新疆、西藏等地，搜集大量有關地質、考古、生物、氣象等方面的文獻資料。
1899	清 光緒 25	文	梁啟超撰《夏威夷遊記》，提出"詩界革命"、"文界革命"的口號，提倡以新文體代替桐城派古文。
1899	清 光緒 25	文	學者王懿榮從中藥中發現甲骨文字，並盡力收集甲骨。
1899	清 光緒 25	⊕	俄人科茲洛夫率考察團到新疆、西藏等地盜取中國古代文物。
1900	清 光緒 26		道士王圓籙在敦煌莫高窟發現藏經洞，出土 4 — 11 世紀的各種佛教經卷、社會文書、絹畫、法器等，文獻上的文字除漢文外，還有古代西夏文、回鶻文、蒙文，以及吐火羅文、佉盧文等西域文字，對研究古代中國及中亞的歷史、地理、宗教、民族、語言、文學、藝術等極具價值。現今敦煌學已成為國際性研究學科。

藏經洞出土回鶻
文寫本

1900	清 光緒 26	⊕	英籍匈牙利人斯坦因（Marc Aurel Stein）自本年至 1916 年間多次深入中國新疆、甘肅一帶非法測量和盜取敦煌石窟等處大量珍貴文物。
1900	清 光緒 26	⊕	八國聯軍佔領北京，慈禧太后挾光緒帝出逃。聯軍燒燬、竊走大量珍寶、古玩、字畫及天文台古銅儀器等。圖書毀失四萬餘冊，《永樂大典》失 307 冊。
1901	清 光緒 27	⊕	湖廣總督張之洞、兩江總督劉坤一聯名連上三奏摺，建議推行建學堂、獎遊學、停捐納、行郵政等多項新政。

斯坦因所掠之寫經
包裹和文獻選萃

清

1636—1911

1901	清 光緒 27	教	清廷決定自明年始，廢除八股文及帖詩取士，改以經義、時務策論試士。
1901	清 光緒 27	人	李鴻章卒 (1823 —)。洋務派代表人物。早期創辦淮軍，鎮壓太平天國。後建立北洋海軍，注重引進外國軍事裝備和科學技術，創辦軍工和民用企業。外交上為形勢所迫，對列強一味妥協。
1901	清 光緒 27	文	梁啟超撰《中國史敍論》，主張以研究智力、產業、美術、宗教、政治等內容的新史學替代帝王家譜式的舊史學。
1901	清 光緒 27	文	林紓、魏易合譯的《黑奴籲天錄》刊行，此為美國女作家斯陀 (H.B. Stowe)《湯姆叔叔的小屋》的中譯本，在社會上產生很大影響。
1901	清 光緒 27	文	自本年開始，反映中國遭受八國聯軍侵略的文學作品大量湧現，如蒙古族詩人延清的《庚子都門紀事詩》、狄葆賢的《燕京庚子俚詞》等詩歌以及林紓的小說《京華碧血錄》、陳季衡的戲劇《武陵春》、民間唱詞《十二月太平年》等。
1902	清 光緒 28	教	清廷下詔恢復京師大學堂，張百熙為新任管學大臣，於 12 月 17 日舉行隆重開學典禮。
1902	清 光緒 28	文	《大公報》在天津創刊，因大膽議政、伸張民意，被袁世凱禁止在租界外銷售。
1902	清 光緒 28	文	1903 年，晚清著名譴責小說、李寶嘉所著《官場現形記》在上海《繁華報》刊出。另有吳沃堯的《二十年目睹之怪現狀》、劉鶚的《老殘遊記》等譴責小說也在本年首次發表。
1902	清 光緒 28	文	李寶嘉主編的《繡像小說》創刊。至 1906 年 4 月停刊。曾發表《文明小史》、《老殘遊記》等。
1902	清 光緒 28	文	鄒容著《革命軍》一書出版，鼓吹反滿革命、宣揚共和，社會影響巨大，其銷售量為清末革命書籍之首。
1902	清 光緒 28	史	上海《蘇報》節錄發表章炳麟《駁康有為論革命書》，激烈抨擊清

廷專制統治。《蘇報》因而被封，章炳麟亦遭租界當局逮捕，鄒
容聞訊憤而投獄。

| 1902 | 清 光緒 28 | 史 | 孫中山於本年 6 月在日本東京設立革命軍事學校，並提出"驅逐韃虜、恢復中華、創立民國、平均地權"的革命宗旨。 |

| 1902 | 清 光緒 28 | 文 | 陳天華所著《猛回頭》、《警世鐘》兩書在日本出版，激憤揭露列強侵略和清朝的腐敗統治，號召起來革命，在中國產生巨大影響。 |

| 1902 | 清 光緒 28 | 文 | 趙必振翻譯日本福井準造的《近世社會主義》一書出版，為系統介紹馬克思學說的最早譯著。此外還有日本人的《社會主義神髓》、《近世社會主義評論》等譯著在本年出版。 |

| 1902 | 清 光緒 28 | 文 | 王懿榮所遺甲骨為劉鶚所購得，並整理出版《鐵雲藏龜》。 |

| 1902 | 清 光緒 28 | 文 | 彪蒙書室將儒家經書譯為白話，出版了《四書新體速成讀本》，遭清廷禁止。 |

| 1902 | 清 光緒 28 | 教 | 王照在北京設立官話字母義塾，為私人創辦的最早推廣拼音字母的學校。 |

| 1904 | 清 光緒 30 | 文 | 丁初我在上海創辦《女子世界》期刊，以反抗禮教、提倡女權為宗旨。共出 18 期。 |

| 1904 | 清 光緒 30 | 文 | 在駱俠挺主持下，中興通訊社開始在廣州發稿。此為中國人自辦的最早通訊社。 |

| 1904 | 清 光緒 30 | 史 | 德國李谷克（Albert von Le Coq, 1860 — 1930）率遠征隊到中國新疆竊取大量文物。約有六百餘幅壁畫、二百餘尊塑像及眾多手稿等被盜走。二次大戰中，這些珍寶毀壞殆半。 |

| 1904 | 清 光緒 30 | 藝 | 以吳昌碩為社長的西泠印社於 10 月在杭州成立，為中國著名的書畫篆刻藝術團體。 |

| 1904 | 清 光緒 30 | 文 | 孫詒讓著成《契文舉例》，為最早考釋甲骨文的專著。 |

| 1904 | 清 光緒 30 | 藝 | 京劇喜連成科班成立，後於 1912 年改名富連成，1948 年停辦，為京劇史上歷時最久、造就京劇人才最多的科班。 |

| 1904 | 清 光緒 30 | 教 | 本年舉行了清朝最後一次科舉考試。錄取狀元劉春霖，自稱"第一人中最後人"。 |

| 1905 | 清 光緒 31 | 教 | 清政府宣佈廢除科舉考試，中國科舉制度至此徹底廢止。 |

| 1905 | 清 光緒 31 | 教 | 中國天主教教徒馬相伯曾於前年在上海創辦震旦學院，至本年因學潮而解散。再辦上海復旦公學，此為復旦大學前身。 |

| 1905 | 清 光緒 31 | 史 | 同盟會機關報《民報》在東京創刊，宣傳三民主義。 |

| 1905 | 清 光緒 31 | 藝 | 放映了中國最早的電影。在北京前門大柵欄（今大觀樓電影院）放映了中國最早拍攝的電影京劇片《定軍山》，由名角譚鑫培主演。為無聲電影。 |

| 1906 | 清 光緒 32 | 文 | 朱執信撰《德意志社會革命家小傳》，對馬克思、恩格斯及《共產黨宣言》、《資本論》等有所介紹。 |

1906	清 光緒 32	教	學部奏准將各省貢院改為學堂。審定初等小學暫用書目 102 冊，由商務印書館、文明書局等處出版。又定每年 8 月舉行留學生考試。

最新國文教科書

1906	清 光緒 32		法國人伯希和（Paul Pelliot）率遠征隊到中國新疆、甘肅等地竊取大量精品文書等古物。
1906	清 光緒 32	文	張靜江、吳稚暉等在法國巴黎創辦世界社，出版《世界雜誌》和《近世界六十名人》，介紹世界思潮和名人，最早在中國出版了馬克思像。
1907	清 光緒 33		光復會發動皖浙起義失敗，秋瑾殉難（1875 —）。字璿卿，號鑒湖女俠，浙江山陰（今紹興）人。曾主辦《中國女報》，有《秋瑾集》。
1907	清 光緒 33	文	高爾基作品的最早中譯本《憂患餘生》（即《該隱和阿爾喬姆》）由吳檮譯出，本年開始在《東方雜誌》連載。
1907	清 光緒 33		學者俞樾卒（1821 —）。治學博深，崇尚樸學。著有《羣經平議》等。曾改編小說《七俠五義》，又有筆記、戲曲等。
1908	清 光緒 34	教	改京師大學堂優級師範科為京師優級師範學堂。1924 年改為北京師範大學。
1908	清 光緒 34		美國國會決定將部分庚子賠款作為中國派遣留學生赴美之用，並在北京開設預備學校清華學堂。
1908	清 光緒 34		俄國人科茲洛夫率遠征隊在戈壁發現喀喇庫圖古城，並掠走大量珍貴文物。
1908	清 光緒 34		學者孫詒讓卒（1848 —）。研究甲骨文字取得成就。
1908	清 光緒 34		經學家皮錫瑞卒（1850 —）。著有《尚書大傳箋》、《經學通論》等。
1909	清 宣統元	教	清政府決定建立遊美學務處，並於西郊清華園附設肄業館，後改名清華學校。此為清華大學前身。
1909	清 宣統元	文	鴛鴦蝴蝶派刊物《小說時報》創刊。
1909	清 宣統元	文	柳亞子、陳去病等人在蘇州成立文學團體 "南社"，出版有《南社詩集》、《南社叢刻》等。1923 年解散。
1909	清 宣統元	文	商務印書館創辦《兒童教育畫》，為中國最早的少兒刊物。
1909	清 宣統元	文	羅振玉刊印《敦煌石室遺書》。後又刊行《石室秘寶》、《鳴沙石室逸書》等，為敦煌學的確立創造了條件。

1909	清 宣統元	戲	評劇演員成兆才與月明珠等在唐山組成慶春班，在民間曲調"蓮花落"的基礎上，創立了平腔梆子戲，奠定了評劇藝術的基礎。
1909	清 宣統元	教	武術家霍元甲在上海成立精武體操學校。次年改為精武體育會。至 20 年代末，會員達 40 萬。
1909	清 宣統元	文	張之洞卒 (1837 —)。洋務派代表人物之一，曾創辦黃埔魚雷學堂、湖北煉鐵廠等，對興辦民族工業、發展近代教育事業作出貢獻。所編《書目答問》為重要目錄學著作。
1910	清 宣統 2	政	清政府任命盛宣懷為中國紅十字會會長，並頒佈試辦章程。
1910	清 宣統 2	文	劉錦藻編《皇朝續文獻通考》完成，斷於光緒三十年。
1910	清 宣統 2	科	4 月，旅美華僑馮如在廣州表演自製飛機成功。10 月在舊金山國際比賽會上獲第一名。次年率飛機隊回國參加辛亥革命。
1910	清 宣統 2	科	清政府在北京南苑建飛機廠棚，由劉佐成、李寶焌試製飛機一架。李寶焌並發表航空論文《研究飛行報告》。
1910	清 宣統 2	文	商務印書館《小說月報》創刊。"五四"運動前主要發表描寫才子佳人哀情離怨的鴛鴦蝴蝶派作品。
1910	清 宣統 2	文	上海《時報》、《神州日報》發起成立中國報界俱進會，全國有 20 個省市的 41 家報紙參加。此為中國第一個全國性報業團體。
1910	清 宣統 2	文	繆荃孫《續碑傳集》編成，輯錄道、咸、同、光四朝人物傳記 1110 人。
1910	清 宣統 2	科	華僑譚根製成水上飛機，並獲得國際飛機製造賽會冠軍。
1911	清 宣統 3	教	全國各省教育總會聯合會在上海集會，討論有關實施國民教育、統一國語方法等方案。
1911	清 宣統 3	政	辛亥革命爆發。10 月 10 日，革命黨人發動武昌起義，趕走清湖廣總督瑞澂等。次日，成立中華民國湖北軍政府，號召各省回應起義，形成全國規模的辛亥革命。
1911	清 宣統 3	政	清廷頒佈《十九信條》，同意由資政院起草憲法，確定皇帝許可權。繼而，湖北軍政府頒佈宋教仁起草的《中華民國鄂州約法》，以天賦人權的民主思想為宗旨，與清廷的《十九信條》相對抗。
1911	清 宣統 3	文	歲末，上海放映了朱連奎雜技團 (美利公司) 攝製的紀錄武昌起義的影片《武漢戰爭》和意僑阿·勞羅攝製的《強行剪辮》。
1911	清 宣統 3	政	日本軍官桔瑞超等竊走敦煌經卷六百份。
1911	清 宣統 3	科	楊守敬等編繪的《歷代輿地圖》全部出齊，共 34 冊，代表了清代歷史地圖學的最高成就。
1911	清 宣統 3	戲	清代戲曲、曲藝發達。據 1982 年調查，在清代形成的曲藝曲種達 170 餘種，如各種大鼓書、子弟書、相聲等。當時的戲曲劇種有二百多種，如京劇、川劇、各種梆子戲等。

| 1912 | 民國元 | ⊛ | 孫中山就任南京臨時政府大總統，宣佈中華民國成立。通告全國改用西曆，頒行新編曆書。 |

孫中山祭明太祖

說演眾當時祖太明祭致統總大孫

President Sun Yat Sen Addressing the Public After Offering Sacrifices at Ming Tomb, Nanking

| 1912 | 民國元 | ⊛ | 蔡元培發表《新教育意見》，主張以國民教育、實利教育、公民道德、世界觀、美育五項為教育宗旨。 |

| 1912 | 民國元 | ⊛ | 2月12日，清帝溥儀宣佈退位。次日孫中山辭職，推舉袁世凱為臨時大總統。 |

| 1912 | 民國元 | ⊛ | 陸費逵在上海創辦中華書局。先以出版中小學教科書為主，後亦印行古籍、各類科學、文藝著作及工具書。 |

| 1912 | 民國元 | ⊛ | 歐陽予倩等在上海成立新劇同志會，以後又設春柳劇場，推動新劇活動的開展。 |

| 1912 | 民國元 | ⊛ | 上海《新世界》第五期開始連載施仁榮翻譯的恩格斯《理想社會主義與實行社會主義》（即《社會主義從空想到科學的發展》）全文。 |

| 1912 | 民國元 | ⊛ | 北京故宮午門前設立歷史陳列館。 |

| 1912 | 民國元 | ⊛ | 陳煥章等在上海成立孔教會，推康有為為會長，出版《孔教會雜誌》等，鼓吹復辟帝制。 |

| 1912 | 民國元 | ⊛ | 劉海粟在上海創辦圖畫美術院。1921年改名為上海美術專門學校。為中國最早的教授西方繪畫藝術的美術專門學校。 |

| 1912 | 民國元 | ⊛ | 羅振玉對所收藏甲骨進行整理，出版《殷墟書契》前編。此後幾年又出版了後編、續編及《殷墟書契菁華》等，並著《殷墟書契考釋》，對甲骨文研究作出貢獻。 |

| 1913 | 民國2 | ⊛ | 華僑陳嘉庚在福建同安創辦集美學校，為其興辦祖國教育事業之始。 |

| 1913 | 民國2 | ⊛ | 由中、日、菲三國參加的第一屆遠東運動會在菲律賓馬尼拉舉行。中國榮獲四項冠軍、三項亞軍。以後歷屆遠東運動會上，中國都有項目取得冠亞軍。 |

《京師公報》清帝退位號外

| 1913 | 民國2 | 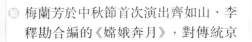 國民黨人在日本創刊《國民雜誌》，共出五期，宣傳民主共和，反對袁世凱專制，鼓吹"二次革命"。 |

1913　民國2　文　國民黨人在日本創刊《國民雜誌》，共出五期，宣傳民主共和，反對袁世凱專制，鼓吹"二次革命"。

1913　民國2　文　呂大任等人在上海創辦《良心》月刊，共出二期。為中國最早的無政府主義刊物。

1913　民國2　藝　中國第一部故事影片《難夫難妻》由鄭正秋、張石川編導拍成，在上海首映。又，黎民偉編導的《莊子試妻》在美國上映，為中國第一部在國外放映的影片。

1913　民國2　人　法學家沈家本卒（1840 —）。致力於整理和考訂古代法律文獻，曾主持修訂《大清現行刑律》，主張廢除凌遲、戮屍等酷刑。又參考近代西方刑法，制訂《大清新刑律》。有《沈寄簃先生遺書》等。

1914　民國3　典　中國加入萬國郵會（國際郵聯）。

1914　民國3　文　北洋政府設立清史館，以趙爾巽為館長，開始編撰清史。

1914　民國3　教　天津南開學校學生周恩來、常策歐等成立"敬業樂羣會"，出版會刊《敬業》，並成立新劇團。

1914　民國3　新　邵飄萍在日本東京設立通訊社（或說1915年成立），為國內報紙傳播新聞通訊。次年，揭發日本向袁世凱提出"二十一條"的侵略陰謀，在社會上產生強烈反響。

1914　民國3　史　法國傳教士桑志華（Emile Licent）在天津創辦北疆博物院，開始在黃河流域進行古生物和石器時代考古調查。後於1919 — 1920年發現中國舊石器時代遺址。

1914　民國3　文　描寫才子佳人的鴛鴦蝴蝶派文學盛行，有多種刊物發行，如《小說叢報》、《禮拜六》、《女子世界》等。亦有多種小說出版，如徐枕亞的《玉梨魂》、李涵秋的《廣陵潮》等。

1915　民國4　醫　中華醫學會成立，出版《中華醫學雜誌》和《中國醫學指南》。

1915　民國4　科　教育部所屬中央觀象台創辦《觀象叢報》月刊，為中國最早的氣象雜誌。

1915　民國4　教　教育部設通俗教育研究會，分小說、戲曲、講演三股。魯迅任小說股主任。

1915　民國4　文　陳獨秀創辦《青年雜誌》，自第二卷改名《新青年》，提倡以科學和民主、"文學革命"為宗旨的新文化運動。

《青年雜誌》創刊號書影

1915　民國4　藝　梅蘭芳於中秋節首次演出齊如山、李釋勘合編的《嫦娥奔月》，對傳統京

劇有所改良，時稱古裝新戲。以後齊、李又編寫四十餘種劇本供梅蘭芳演出，如《一縷麻》、《黛玉葬花》等。

飾演林黛玉的梅蘭芳

| 1915 | 民國 4 | 文 | 商務印書館出版當時規模最大的語詞工具書《辭源》。1939 年將正編、續編合訂出版。 |

1915　民國 4　本年 12 月，袁世凱稱帝，改國號為"中華帝國"。孫中山立即發表《討袁檄文》、《討袁宣言》。

1915　民國 4　中國參加美國舊金山舉辦的巴拿馬太平洋萬國博覽會。中國茅台、紹興黃酒等名酒及祁門紅茶獲金獎。次年，汾酒獲金獎。

1915　民國 4　王大錯編《戲考》開始出版，至 1925 年出齊，共 40 冊。收京劇、梆子、崑劇劇本五百餘齣。每齣有故事提要、考證、評論等。

1916　民國 5　文　《青年雜誌》發表易白沙的《孔子評論》，開新文化運動批孔先聲。

1916　民國 5　文　蔡東藩《清史通俗演義》刊行。至 1926 年，蔡東藩寫成歷朝的通俗演義。

1917　民國 6　文　李大釗在《甲寅》日刊發表《孔子與憲法》等文，宣稱孔子的舊道德已過時，憲法中堅持的孔子修身之道應去除。

1917　民國 6　文　胡適《文學改良芻議》、陳獨秀《文學革命論》相繼在《新青年》上發表，提倡白話文學。《新青年》還刊載了胡適的白話詩，為中國最早發表的白話詩。

陳獨秀《文學革命論》
胡適《文學改良芻議》

1917	民國 6	⊕	俄國十月革命成功，11 月 10 日上海《民國日報》首先予以報道，次日各報紛紛刊載這一消息。
1917	民國 6	人	學者王先謙卒 (1842 —)。政治上反對變法及革命。學術上注重對古代典籍的編校研究。著有《漢書補註》、《荀子集解》等。
1917	民國 6	人	京劇演員譚鑫培卒 (1847 —)。藝名"小叫天"，湖北江夏 (今武昌) 人。創京劇譚派老生表演藝術，名盛一時。
1918	民國 7	文	《新青年》第四卷始改用白話文體及新式標點符號。
1918	民國 7	文	劉半農、沈尹默等人在北京大學成立歌謠徵集處，致力於民俗學研究。
1918	民國 7	文	中國第一篇白話小說、魯迅的《狂人日記》在《新青年》發表。
1918	民國 7	文	《京報》在北京創刊，由邵飄萍主辦。次年因揭露巴黎和會上北洋政府代表擬同意列強提出由日本接受德國在山東的權利之議，被北洋政府查封。
1918	民國 7	文	《新青年》發表李大釗介紹馬克思學說的文章《庶民的勝利》和《布爾什維主義的勝利》。
1918	民國 7	文	新文化運動重要理論刊物《每週評論》在陳獨秀、李大釗主持下於年底在北京創刊。次年 8 月被查封。
1918	民國 7	人	作家蘇曼殊卒 (1884 —)。能詩文及善繪畫。通英、法、日、梵文。譯有拜倫 (George Gordon Byron) 詩和雨果 (Victor Hugo) 小說《悲慘世界》。
1919	民國 8	文	陳獨秀《本志罪案之答辯》在《新青年》上發表，號召以"德先生" (民主) 和"賽先生" (科學) 代替舊的傳統文化。
1919	民國 8	文	北大教授劉師培發起成立國故社，發行《國故》月刊，宣揚傳統文化。
1919	民國 8	教	北京匯文大學、通州華北協和大學、北京華北女子協和大學等合併，成立燕京大學，以美國傳教士司徒雷登 (John Leighton Stuart) 為校長。
1919	民國 8	文	林紓的文言小說《荊生》、《妖夢》相繼刊登在上海《新申報》，並在《公言報》上發表致蔡元培公開信《請看北京學界思潮變遷之近狀》，攻擊新文化運動。
1919	民國 8	文	鄧中夏等在北京大學發起成立平民教育演講團。
1919	民國 8	文	《新青年》發表胡適的獨幕劇《終身大事》，歌頌婦女解放、婚姻自由，在青年中反響強烈。隨後胡適又發表《實驗主義》一文，宣揚杜威 (John Dewey) 的實用主義哲學。
1919	民國 8	中	美國哲學家杜威來華講學，宣傳實用主義哲學思想。
1919	民國 8	⊕	5 月 4 日，"五四"運動爆發。為支援學生的愛國行動，蔡元培聲明辭去北大校長之職。

	1919	民國 8	文 《新青年》於 5 月份發行《馬克思主義研究專號》。
	1919	民國 8	文 李大釗主持的《晨報》於 5 月份創刊，專門設《馬克思研究》專欄。
	1919	民國 8	文 以戴季陶、沈玄廬為主編的《星期評論》在上海創刊，宣傳社會主義學說。
	1919	民國 8	文 由李大釗、王光祈發起的少年中國學會於 7 月 1 日在北京成立，並出版會刊《少年中國》。

民
國
時
期

1912
—
1949

| | 1919 | 民國 8 | 文 毛澤東主編的《湘江評論》於 7 月中在長沙創刊。 |

《湘江評論》

	1919	民國 8	文 周恩來主編的《天津學生聯合會報》於 7 月下旬在天津創刊。不久，又發起成立"覺悟社"，創辦會刊《覺悟》。
	1919	民國 8	文 胡適發表《多研究些問題，少談些"主義"！》一文，反對在中國宣傳馬克思主義。李大釗則以《再論問題與主義》一文批駁胡適的改良主張。
	1919	民國 8	文 孫中山《建國大綱》印行。
	1919	民國 8	文 《續古逸叢書》47 種由商務印書館編輯刊行。

商務印書館出版物

	1919	民國 8	在張謇支援下，新型戲校南通伶工學社成立，歐陽予倩任學社主任，致力於改革舊劇。1926 年停辦。
	1919	民國 8	詹天佑卒（1861 —）。曾主持修建中國第一條自建的鐵路京張路，是中國鐵路事業發展的先驅。
	1920	民國 9	文 中國最早的白話詩集、胡適的《嘗試集》出版。
	1920	民國 9	文 《新青年》開始載文介紹英國哲學家羅素（Bertrand Russell）的思想學說。
	1920	民國 9	上海共產主義小組於 8 月成立，並創辦《勞動界》週刊。陳獨秀、

李漢俊、李達、陳望道、沈雁冰等人參加。不久又成立中國社會主義青年團。

| 1920 | 民國 9 | 文 | 上海社會主義研究室出版陳望道翻譯的《共產黨宣言》全文。 |

1920　民國 9　　英國哲學家羅素來華講學，宣揚實業、教育救國。

1920　民國 9　　由李達主編的理論刊物《共產黨》在上海問世。共出七期。

1920　民國 9　　李大釗在《新青年》上發表《唯物史觀在現代歷史學上的價值》一文，提倡以唯物史觀研究歷史。

1920　民國 9　文　商務印書館開始出版"世界叢書"和"共學社叢書"，翻譯介紹外國的學術文化。

1920　民國 9　　新潮出版社《一九二〇年世界學術》專號對愛因斯坦（Albert Einstein）《相對論》、杜威《哲學改造》、博格森（Henri Bergson）《心力》等做了介紹。

1920　民國 9　　北京晨報社出版《杜威五大講演》（倫理學、社會哲學與政治哲學、教育哲學思想之派別以及現代的三個哲學家——詹姆士、博格森、羅素），在學術界產生一定影響。

1920　民國 9　文　劉半農《中國文法通論》出版。

1920　民國 9　教　吳夢非、豐子愷等創辦上海藝術專科師範學校，為中國最早的美術師範學校。

1921　民國 10　文　沈雁冰、鄭振鐸等在北京發起成立文學研究會，主編《小說月報》、《文學週報》等刊物，並出版叢書百餘種。

《小說月報》

1921　民國 10　　沈雁冰、歐陽予倩等在上海成立民眾戲劇社，創辦《戲劇》雜誌。

1921　民國 10　文　郭沫若、郁達夫等在日本東京成立創造社，提出"革命文學"的口號。創辦《創造》、《創造週報》、《洪水》等刊物。

1921　民國 10　文　郭沫若第一部新詩集《女神》出版。

1921　民國 10　文　郁達夫小說集《沉淪》出版，為中國現代文學第一部短篇小說集。

1921　民國 10　　在河南澠池縣仰韶村發現新石器時代遺址，後稱此類型考古文化為仰韶文化。

1921　民國 10　文　魯迅的小說《阿 Q 正傳》12 月開始在《晨報》副刊連載。

1921　民國 10　　北京政府教育將大內所藏八千袋明清檔案當作廢紙出賣，羅振玉以高價贖回，得以保存。

1921　民國 10　　瑞典人安特生（Johan Gunnar Andersson）與奧地利古生物學家丹斯

基（Otto Zdansky）在周口店發現北京猿人遺址，於本年及 1923 年發現兩顆古人類牙齒化石。

1921	民國 10	劇	朱穰丞、馬彥祥在上海成立辛酉學社，1927 年更名辛酉學社愛美劇團，致力於提高話劇表演藝術。
1921	民國 10	劇	應雲衛、洪深等在上海成立戲劇協社。
1921	民國 10	出	世界書局改組為股份有限公司。擴大業務，從出版武俠言情小説轉向出版國學名著、教科書等，成為大型出版社。
1921	民國 10	譯	翻譯家嚴復卒（1854 —）。譯作以《天演論》影響最大。提出"信、達、雅"的翻譯標準。
1922	民國 11	文	中國社會主義青年團刊物《先驅》半月刊問世。 1923 年 8 月停刊。
1922	民國 11	文	梁漱溟《東西文化及其哲學》出版，提出中國、印度、西洋三種文化類型的觀點，主張中國應以傳統文化治國，對現代新儒學理論的形成具有重要影響。
1922	民國 11	文	東南大學教授胡先驌、梅光迪等人在上海創辦《學衡》雜誌，鼓吹復古，反對新文化。
1922	民國 11	科	中國地質學會成立，章鴻釗為會長，李四光、翁文灝為副會長。會刊為《中國地質學會誌》。
1922	民國 11	教	俄國盲詩人愛羅先珂到京，被聘為北京大學世界語和俄國文學講師。
1922	民國 11	文	潘漠華、馮雪峰等在杭州結成湖畔詩社，以寫愛情詩聞名。出版詩集有《湖畔》等。
1922	民國 11	文	張資平的《沖積期化石》出版，是中國現代文學第一部長篇小説。
1922	民國 11	文	瞿秋白以報告文學形式撰成《餓鄉紀程》，並出版，介紹了俄國十月革命後的社會狀況。 1924 年又有訪俄散文集《赤都心史》出版。
1922	民國 11	科	德國物理學家愛因斯坦來華，在上海演講"相對論"。《東方雜誌》為此刊出"愛因斯坦專號"。
1922	民國 11	文	商務印書館印成《四部叢刊》，共收古籍 323 種。後又續編 81 種。
1922	民國 11	科	中國天文學會成立，高魯任會長。會刊為《中國天文學會會報》、《宇宙月刊》。
1922	民國 11	體	國際奧委會選出王正廷為中國委員，從此中國與國際奧委會建立正式聯繫。
1923	民國 12	傳	中國國內第一座廣播電台由美國人在上海設立。元月 24 日開始播送新聞和音樂。三個月後倒閉。
1923	民國 12	文	胡適創辦以整理國故為宗旨的《國學季刊》。

民國時期

1912 — 1949

1923	民國 12	ⓕ 印度詩人泰戈爾應邀來北京講學。其詩集《新月集》由鄭振鐸翻譯出版。1929 年再度來華。
1923	民國 12	ⓕ 顧頡剛《與錢玄同先生論古史書》一文在《努力週報・讀書雜誌》上發表，闡述其疑古思想，引發學術界的熱烈爭論。後將爭論文章編成《古史辯》七冊，於 1926 — 1941 年陸續出版。
1923	民國 12	ⓕ 由瞿秋白任主編的中共理論刊物《新青年》季刊在廣州創刊。《國際歌》中文詞曲首次刊出。
1923	民國 12	ⓔ 陶行知、朱其慧等在北京發起成立中華平民教育促進會。後於河北定縣建實驗區，普及平民教育。
1923	民國 12	ⓕ 北京新潮出版社出版魯迅小說集《吶喊》。
1923	民國 12	ⓕ 徐志摩、梁實秋等在北京成立新月社，出版《新月》月刊，宣揚人性論和唯美文學。
1923	民國 12	ⓕ 魯迅《中國小說史略》上卷印行，次年下卷印行。後合訂為一冊。對中國小說史進行了開拓性研究。
1923	民國 12	ⓢ 姜俠魂、唐豪等編《國技大觀》印行，為武術著作資料彙編。
1923	民國 12	ⓕ 俞平伯《紅樓夢辨》出版，為新紅學派的代表作之一，對紅學研究有較大影響。
1923	民國 12	ⓐ 吳郁周等人發起成立"藝術寫真研究會"，不久改名"光社"。1927 年與上海"華社"合併，為中國最早的民間攝影社團。
1924	民國 13	ⓐ 《世界晚報》開始連載張恨水小說《春明外史》，至 1929 年初載完。
1924	民國 13	ⓔ 黃埔軍校開學。蔣介石任校長、廖仲愷任黨代表，周恩來任政治部主任。
1924	民國 13	ⓢ 中華全國體育協進會在南京成立。該會舉辦了六次全國運動會，參與辦理第十四屆奧運會及其他一些國際運動會和賽事。
1924	民國 13	ⓕ 曾琦、左舜生等為代表的中國國家主義青年團在上海創辦《醒獅》週報，宣揚國家至上。
1924	民國 13	ⓗ 馮玉祥於 11 月 5 日驅逐溥儀出宮。據 16 日《民國日報》載，經清點，宮內共有古玩珍寶等三十餘萬件，價值十億元。
1924	民國 13	ⓕ 魯迅、林語堂等人發起成立"語絲社"，創辦《語絲》週刊，以雜文批評社會、文化問題。1927 年 10 月被查封。
1924	民國 13	ⓕ 《現代評論》週刊創刊。主要撰稿人有陳西瀅、徐志摩、張奚若等人。
1924	民國 13	ⓕ 黎錦熙《新著國語文法》由商務印書館出版。為中國第一部系統的白話語法著作。
1925	民國 14	ⓔ 北師大學生驅逐校長楊蔭榆，掀起學潮。
1925	民國 14	ⓚ 中國首家工程學刊物《工程》月刊在上海創刊。
1925	民國 14	ⓗ 3 月 12 日，孫中山卒。後人編有《孫中山選集》、《孫中山全集》。

1925	民國 14	文	魯迅主編的《莽原》雜誌創刊。
1925	民國 14	美	上海《文學週報》以《子愷漫畫》名義連載豐子愷的漫畫。 *豐子愷的漫畫*
1925	民國 14	典	國立故宮博物院於 10 月 10 日正式成立。
1925	民國 14	典	天津《大公報》於 11 月 27 日停刊。
1925	民國 14	文	魯迅第一本雜文集《熱風》出版。
1925	民國 14	教	美國教會在北京創辦輔仁社，不久改名輔仁大學。設有文、理、教育等學院。
1926	民國 15	典	"三一八慘案"發生。魯迅和朱自清在《語絲》上分別發表《紀念劉和珍君》及《執政府大屠殺記》。
1926	民國 15	典	《京報》社長邵飄萍被奉系軍閥殺害。
1926	民國 15	文	《小說月報》開始連載老舍長篇小說《老張的哲學》。
1926	民國 15	文	魯迅短篇小說集《彷徨》出版。
1926	民國 15	典	開明書店在上海開業。
1926	民國 15	典	天津《大公報》經改組於本年 9 月復刊。以吳鼎昌為社長，張季鸞為總主筆。
1926	民國 15	典	上海百星大戲院放映美國有聲短片數種，為中國首次放映有聲電影。
1926	民國 15	典	中國第一部動畫短片《紙人搗亂記》由萬籟鳴三兄弟製成。 *中國早期電影劇照*
1927	民國 16	科	西北科學考察團由中國和瑞典學者組成，經內蒙古、甘肅到新疆進行多學科考察，取得重要成果。數年後考察報告陸續發表。
1927	民國 16	典	4 月 28 日，李大釗在北京被奉系軍閥殺害。
1927	民國 16	文	蔣光赤的中篇小說《短褲黨》出版，最早描述共產黨領導工人進行武裝鬥爭。
1927	民國 16	文	茅盾的中篇小說《幻滅》發表。次年又發表《動搖》、《追求》，構成《蝕》三部曲，為最早的多部系列小說。

民
國
時
期

1912
—
1949

1927	民國 16	⊕	瑞典古脊椎動物學家步林（Birgev Bohlin）和中國地質學家李捷在周口店發掘中，又發現一枚古人類白齒化石，經鑒定，稱為"北京中國人"。
1927	民國 16	⊗	《清史稿》編成，由清史館印行。
1927	民國 16	⊗	蔣光赤、錢杏邨等在上海成立太陽社。先後出版了《太陽月刊》、《時代文藝》等刊物，提倡反映工農大眾生活的文學。
1927	民國 16	⊗	學者王國維投水自盡（1877 —）。被譽為一代學術大師。著作有六十餘種，見《觀堂集林》、《海寧王靜安先生遺書》。
1927	民國 16	⊗	書畫篆刻家吳昌碩卒（1844 —）。工書法，擅寫"石鼓文"。繪畫以寫意花卉、蔬果為主。發起創立西泠印社，並任社長。
1928	民國 17	⊗	聞一多詩集《死水》出版。
1928	民國 17	⊗	《教育雜誌》連載葉聖陶長篇小說《倪煥之》。
1928	民國 17	⊗	顧頡剛、容肇祖創立中山大學民俗學會，主辦會刊《民間文藝週刊》，後改為《民俗》雙月刊。
1928	民國 17	⊗	郭沫若譯歌德的《浮士德》出版。不久，詩集《恢復》也出版。
1928	民國 17	⊛	中央研究院地質、天文、氣象、歷史語言等研究所相繼成立，它們的所長分別為李四光、俞青松、竺可楨、傅斯年。
1928	民國 17	⊗	新月社創辦《新月》月刊，集會活躍，主張文學應表現人類的共同人性。1933 年解散。
1928	民國 17	⊕	國民政府改中華民國大學院下屬中央研究院為國立中央研究院，為全國綜合性學科最高學術研究機構。任命蔡元培為院長。
1928	民國 17	⊗	國立中央大學在南京成立，吳稚暉為首任校長，但未到校。
1928	民國 17	⊗	魯迅與郁達夫在上海合編《奔流》月刊。
1928	民國 17	⊗	朱自清散文集《背影》出版。
1928	民國 17	⊕	魯迅與柔石等在上海組織"朝花社"。
1928	民國 17	⊕	吳金鼎在山東章丘龍山鎮發現屬於父系氏族社會的新石器時代遺址，後定名為"龍山文化"。
1928	民國 17	⊗	丁福保編著《説文解字詁林》刊行，為《説文》的註釋總彙。1932 年又出《補遺》。
1928	民國 17	⊗	趙元任《現代吳語的研究》出版，為最早以現代語言學方法研究方言的學術著作。
1928	民國 17	⊗	胡適《白話文學史》（上冊）出版，為中國首部白話文學史專著。
1928	民國 17	⊛	京劇演員許德義、郝壽臣等發起成立北京梨園公益會，以對梨園界貧苦同行進行救濟。
1928	民國 17	⊛	漫畫家魯少飛、葉淺予創作連環漫畫《改造博士》、《陶哥哥》和《王先生》，在《上海漫畫》、《上海畫報》等刊物上發表，連載達十年。

1928	民國 17	張鈺哲在美國葉凱士天文台發現 1125 號小行星，命名為"中華星"。此為近代中國人發現的第一顆小行星。
1928	民國 17	翻譯家辜鴻銘卒 (1857 —)。精通數國語言。推崇儒學，曾將《論語》等儒家經典譯介給西方。
1928	民國 17	田漢、徐悲鴻、歐陽予倩等成立文學藝術團體"南國社"，設有文學、繪畫、戲劇、電影、音樂五部。演出田漢的劇作《名優之死》、《蘇州夜話》等，社會反響強烈。同時出版《南國月刊》。1930 年被查禁。
1929	民國 18	9 月，胡適發表《新文化運動與國民黨》，認為國民黨的方針與新文化運動相悖離。
1929	民國 18	上海藝術劇社成立，由夏衍、鄭伯奇等人主持，第一次提出"無產階級戲劇"的口號。
1929	民國 18	中央研究院地質研究所斐文中在北京周口店發現"北京人"完整的頭蓋骨化石，對研究人類進化的進程極具價值，引起世界矚目。
1929	民國 18	上海民智書局出版梁啟超《中國近三百年學術史》一書。1924 年《東方雜誌》曾予連載。
1929	民國 18	梁啟超卒 (1873 —)。近代著名學者，清末"維新運動"主要參與者。

梁啟超像

1929	民國 18	王雲五主編的大型叢書《萬有文庫》第一集由商務印書館出版。本叢書是由多種叢書彙輯而成。
1929	民國 18	孫本文主編《社會學叢書》陸續出版，至明年共出 15 種。對社會學作了系統介紹。
1929	民國 18	鄭覲文著中國第一部大型國樂史書《中國音樂史》出版。
1929	民國 18	鄭午昌、張澤等人發起成立蜜蜂畫社，有張大千、錢瘦鐵等畫家百餘人參加。每年舉辦社友作品展。明年出版《蜜蜂畫報》和《蜜蜂畫集》。
1929	民國 18	梅蘭芳率京劇團訪美，演出轟動，被美國波英納學院和南加利福尼亞大學授予名譽文學博士。

梅蘭芳出演《霸王別姬》

1929	民國 18	⊛ 地質學家李四光對地質力學研究的成果《東亞的幾個特別構造型》發表。本年被英國倫敦地質學會接納為國外會員。
1929	民國 18	⊛ 數學家陳建功在日本寫成世界上較早的三角級數專著《三角級數論》，獲得日本理科博士。
1929	民國 18	以朱啟鈐為社長的中國營造學社在北平成立，為最早研究中國古建築文化的學術團體。梁思成、劉敦楨等皆在社內任職。
1929	民國 18	⊛ 劇作家成兆才卒（1874 —）。字捷三，河北灤縣（今河北東部）人。曾致力於將民間曲調"蓮花落"改為"平腔"。為評劇編寫了《馬寡婦開店》、《楊三姐告狀》等九十多種劇目。
1929	民國 18	⊛ 評書演員潘誠立卒（1872 —）。一生在北京獻藝，擅説《大明英烈傳》、《龍潭鮑駱》等。1916 年任評書研究會會長。
1930	民國 19	⊛ 魯迅主編的《萌芽》月刊在上海創刊。從第三期起為"左聯"刊物。後遭國民政府查禁，第六期起改名《新地》。
1930	民國 19	⊛ 蔣光赤主編的《拓荒者》月刊在上海創刊。後與《萌芽》同被查封。
1930	民國 19	⊛ 中國自由運動大同盟在上海成立。號召爭取言論、出版、結社、集會自由。
1930	民國 19	⊛ 中國左翼作家聯盟（簡稱"左聯"）在上海成立。創辦刊物有《前哨》、《文學導報》、《世界文化》、《拓荒者》、《北斗》、《文學月報》等。1936 年初解散。
1930	民國 19	⊛ 新月書店出版《中國問題》一書，收入胡適文章《我們走那條路》，提出貧窮、疾病、愚昧、貪污、擾亂這"五鬼"是中國大敵，解決辦法既非"革命"，也非"漸進"，應是第三條路，即"自覺的改革"。
1930	民國 19	⊛ 中國社會科學家聯盟在上海成立，機關報刊為《新文化》報和《社會科學戰線》。
1930	民國 19	⊛ 梁漱溟主持的鄉村建設研究院在山東鄒平成立，創辦《鄉村建設》刊物。
1930	民國 19	⊛ 中國左翼美術家聯盟在上海成立，由許幸之任主任。先後以春地美術研究所、野風畫會等十餘個美術團體的名義活動。

| 1930 | 民國 19 | 🏛 | 國際革命作家會議在蘇聯舉行，蕭三以中國左聯代表身份參加會議。會後參加國際革命作家聯盟工作，主編《國際文學》中文版。 |

1930　民國 19　🏛　中國左翼文化總同盟在上海成立，為中共領導的各文化團體的聯合組織。有左翼作家聯盟、左翼戲劇家聯盟等八個團體參加。1936 年初，因共產黨與國民政府聯合抗日而自動停止活動。

1930　民國 19　文　高爾基自傳小說《我的童年》由林曼青翻譯出版。

1930　民國 19　文　百衲本《二十四史》由商務印書館全部印成。

1930　民國 19　🌐　《弗羅乙德敍傳》由章士釗翻譯出版，介紹奧地利精神分析學家弗洛伊德（Sigmund Freud）的學說。

1930　民國 19　🏛　西北科學考察團在今甘肅、內蒙古漢代居延烽燧遺址中發現 1 萬枚漢簡，稱為"居延漢簡"，為研究漢代簡牘制度提供了豐富的實物資料，也為研究漢代歷史開闢了新領域。

1931　民國 20　🏛　2 月 7 日，國民政府秘密殺害左聯五作家李偉森、柔石、胡也頻、馮鏗、殷夫。

1931　民國 20　🖼　中國最早的木刻創作藝術研究組織"木刻講習會"，由魯迅主持成立。

1931　民國 20　文　梁漱溟《鄉村建設理論》一書出版，宣揚通過鄉村建設拯救中國。

1931　民國 20　🎭　為改進京劇，齊如山、梅蘭芳等發起成立北平國劇學會，創辦《戲劇叢刊》、《國劇畫報》等刊物。

1931　民國 20　🖼　在原蜜蜂畫社基礎上成立中國畫會，由錢瘦鐵等人主持，出版《國畫月刊》，舉辦多屆書畫展覽、講座。有各地畫家三百餘人參加。

1931　民國 20　✍　徐志摩遇空難身亡（1897 —）。名章垿，以字行，浙江海寧人。任北京大學、清華大學教授。新月社發起人，主持《新月》月刊編輯工作。有《志摩的詩》等詩集及文集、譯作多種。

1932　民國 21　🏛　中國左翼新聞記者聯盟在上海成立。

1932　民國 21　📖　鄒韜奮等在上海創辦生活書店。抗戰勝利後，與讀書出版社、新知書店合併為生活、新知、讀書三聯書店。

鄒韜奮紀念郵票

1932　民國 21　🎓　徐特立在瑞金創辦蘇區第一所師範學校"閩瑞師範"。不久又辦"列寧師範"。

1932	民國 21	劉半農編成《中國俗曲總目稿》，收錄民間文藝資料 8 千種。
1932	民國 21	施蟄存、杜衡主編的文藝期刊《現代》月刊在上海創刊。
1932	民國 21	第十屆奧林匹克運動會在美國舉行，教練員宋君復、運動員劉長春代表中國首次參賽。
1932	民國 21	由蒲風等發起成立中國詩歌會，致力於詩歌大眾化。
1932	民國 21	林語堂等在上海創辦《論語》半月刊，提倡閑適幽默、不談政治。
1932	民國 21	中國第一部修辭學專著《修辭學發凡》由陳望道編著出版。
1932	民國 21	郭沫若《兩周金文辭大系》刊行，至 1935 年出齊。
1932	民國 21	柳詒徵著《中國文化史》出版。
1932	民國 21	鄭振鐸著《中國文學史》和陸侃如、馮沅君著《中國文學史簡編》相繼出版。
1932	民國 21	周明泰著《道咸以來梨園系年小錄》出版。
1932	民國 21	中國化學會、中國物理學會、中華醫學會先後成立。
1932	民國 21	詩人、學者劉大白卒（1880 —）。曾任復旦大學等校教授、上海世界書局編輯。著有詩集、散文集《舊夢》、《舊詩新話》等及《中國文學史》等專著。
1932	民國 21	音樂家劉天華卒（1895 —）。中國民族音樂奠基人之一，創作有二胡曲《病中吟》、《光明行》等及琵琶曲、民樂合奏曲數首。
1932	民國 21	孫式太極拳創始人孫祿堂卒（1861 —）。河北完縣人。有《太極拳說》等著述。
1933	民國 22	茅盾長篇小說《子夜》出版。
1933	民國 22	巴金長篇小說《家》出版，為《激流》三部曲第一部。
1933	民國 22	英國劇作家、政論家蕭伯納（George Bernard Shaw）來華訪問。《矛盾》月刊、《青年界》雜誌分別刊出"蕭伯納氏來華紀念"、"蕭伯納來華紀念"特輯。
1933	民國 22	瑞金成立中央蘇區的"中央劇團"，由李伯釗領導，以演出活報劇為主。
1933	民國 22	徐悲鴻主持的中國近代繪畫展覽相繼在法國、德國、比利時、意大利、蘇聯等國展出。張大千、齊白石、徐悲鴻等人作品皆參展，受到各國高度評價。

徐悲鴻《奔馬》

| 1933 | 民國 22 | 中國民權保障同盟在上海向德國 |

領事館遞交抗議書，抗議德國法西斯暴行。一個月後，同盟副會長兼總幹事楊杏佛被刺殺。楊杏佛（1893 —）名銓，曾任南京高等師範學校教授。

1933	民國 22	🏛	國民黨中央執行委員會常務會議通過《修正重要都市新聞檢查法》，決定在重要城市設立新聞檢查所，控制新聞發佈。
1933	民國 22	📚	蘇維埃大學在瑞金成立，以培養共產黨各種高級幹部。
1933	民國 22	📖	周揚《關於"社會主義的現實主義與革命的浪漫主義"》一文發表，介紹社會主義現實主義創作方法。
1933	民國 22	🏛	中國農村經濟研究會在上海成立。創辦會刊《中國農村》。孫冶方、錢俊瑞等皆為會員。
1933	民國 22	🎬	明星影片公司攝製了由夏衍編劇的影片《狂流》，被譽為電影新路線的開始。接着又拍攝了夏衍根據茅盾短篇小說《春蠶》改編的同名影片，為新文藝作品搬上銀幕的第一次嘗試。
1933	民國 22	🔬	數學家熊慶來獲法國國家理學博士學位。
1933	民國 22	👤	史學家柯劭忞卒（1850 —）。字鳳蓀，山東膠城（今屬山東）人。著有《新元史》等。
1933	民國 22	👤	王照卒（1859 —）。字藜青，河北寧河（今屬天津市）人。致力於白話教育，仿日本片假名創製拼音字母，被廣泛應用。
1934	民國 23	🏛	中央研究院歷史語言研究所對河南安陽殷墟進行發掘，出土大量甲骨，編出《殷墟文字甲編》。
1934	民國 23	🔬	中國航空工程學會成立。錢昌祚任會長。
1934	民國 23	📖	沈從文代表作《邊城》出版。
1934	民國 23	🎬	曹禺劇作《雷雨》發表。

話劇《雷雨》劇照

1934	民國 23	📖	林語堂在上海創辦《人世間》半月刊，次年又主辦《宇宙風》，為追求創作"閑適"與"靈性"小品文的刊物。
1934	民國 23	🏛	上海雜誌公司成立，陸續刊行了《譯文》、《作家》、《中流》等左翼刊物和書籍。
1934	民國 23	🏛	國民政府以 8 月 27 日為孔子誕辰紀念日，要求全國隆重紀念；又定孔子 77 代孫孔德成為"大成至聖先師奉祀官"。
1934	民國 23	🎬	聯華影業公司攝製了由蔡楚生編導的故事影片《漁光曲》，連映不衰，並於次年在莫斯科國際電影節獲榮譽獎。為中國首部獲國際獎影片。

民國時期 1912 — 1949

1934	民國 23	🅕	《申報·自由談》開展大眾語的討論，魯迅、葉聖陶等皆發表文章予以支援。
1934	民國 23	🅢	容庚、董作賓等在北京發起成立考古學社，出版《考古社刊》。
1934	民國 23	🅕	魯迅、茅盾在上海創辦《譯文》雜誌。
1934	民國 23	🅕	陳望道等人發起創辦文藝期刊《太白》半月刊。
1934	民國 23	🅕	《影印四庫全書珍本初集》由商務印書館出版。
1934	民國 23	🅕	《讀書生活》連載艾思奇的《哲學講話》，通俗介紹了辯證唯物主義。
1934	民國 23	🅢	中國地理學會成立，會刊為《地理學報》。
1934	民國 23	🅢	顧頡剛等創辦史地刊物《禹貢》半月刊，次年成立禹貢學會，推動現代歷史地理學的研究。
1934	民國 23	🅢	南京紫金山天文台落成。
1934	民國 23	🅢	化學家侯德榜被英國皇家學會（化學工業）接納為名譽會員。
1934	民國 23	🅟	學者劉半農卒（1891 —）。曾參加新文化運動。後任北京大學教授，致力於語音學研究。著有《四聲實驗錄》等。
1935	民國 24	🅜	由田漢作詞，聶耳譜曲的《義勇軍進行曲》（電影《風雲兒女》主題歌）在《電影畫報》上刊出。
1935	民國 24	🅜	日本駐上海總領事藉口《新生》週刊登載《閑話皇帝》一文是"侮辱天皇"而提出抗議。該社被國民政府查封，主編杜重遠判刑。
1935	民國 24	🅢	國民政府文獻館出版《文獻特刊》，為中國最早的檔案學刊物。
1935	民國 24	🅕	由鄒韜奮主編的《大眾生活》週刊在上海創刊。次年被查封。
1935	民國 24	🅕	魯迅翻譯果戈里小說《死魂靈》出版。
1935	民國 24	🅕	《叢書集成初編》由商務印書館陸續出版，共收書 4 千餘種。
1935	民國 24	🅜	國民政府中央廣播電台開始用藏語對西藏廣播。
1935	民國 24	🅢	中華民國法學會成立，居正任理事長。
1935	民國 24	🅕	陳登原《中國文化史》出版。
1935	民國 24	🅜	梅蘭芳訪問蘇聯，在莫斯科等地演出，並與高爾基、斯坦尼斯拉夫斯基等人會見。
1935	民國 24	🅢	中國數學會成立，熊慶來任會長。1938 年出版會刊《中國數學會學報》。
1935	民國 24	🅟	瞿秋白卒（1899 —）。江蘇常州人。曾任中共總書記。

瞿秋白像

1935	民國 24	⚱	文學家曾樸卒（1872 —）。以小説《孽海花》聞名於世。後致力於法國文學譯介，並著有《法國文學史大綱》等。
1935	民國 24	⚱	音樂家聶耳卒（1912 —）。創作多首著名歌曲，如《義勇軍進行曲》、《畢業歌》等。
1936	民國 25	文	年初，周立波發表《一九三五年中國文壇的回顧》、何家槐發表《作家在救亡中的任務》等文，主張發展國防文學。年中，胡風發表《人民大眾向文學要求甚麼？》一文，提出"民族革命戰爭的大眾文學"的口號，引發了兩個口號的激烈論爭。
1936	民國 25	文	魯迅著名歷史小説集《故事新編》出版。
1936	民國 25	文	《生活知識》刊出"國防文學特輯"。
1936	民國 25	文	夏衍的歷史諷喻劇《賽金花》劇本發表。
1936	民國 25	文	蔡元培、魯迅、郭沫若等六百餘人聯名發表《我們對於推行新文字的意見》，要求推行拉丁化新文字。
1936	民國 25	文	《文季月刊》發表曹禺話劇劇本《日出》。
1936	民國 25	⚑	國立中央圖書館在南京開館。1948 年 10 月，將其館藏文物、善本書籍等五百餘箱運至台灣。
1936	民國 25	文	陳伯達發表《文藝界兩個口號問題應該休戰》。
1936	民國 25	⚑	《文學》四卷四號發表魯迅、郭沫若、林語堂等 21 人簽名的《文藝界同人為團結禦侮與言論自由宣言》，號召文藝界同人不分派別、一致聯合抗日救國。
1936	民國 25	⚱	魯迅卒（1881 —）。新文學最有成就的文學家，以小説及雜文著名，並研究中國小説史，一生著述極豐，有各種版本的全集、選集行世。

魯迅三部作品書影

1936	民國 25	⚑	梁實秋譯英國莎士比亞名劇《奧賽羅》劇本出版。
1936	民國 25	⚑	國民黨中宣部制訂《取締反動文藝書籍一覽》、《取締社會科學反動書籍一覽》，內列 1929 年以來被禁文藝書籍 364 種、社會科學書籍 676 種。
1936	民國 25	文	美國記者埃德加·斯諾（Edgar Snow）到中共陝北根據地採訪，

寫出《西行漫記》。

| 1936 | 民國 25 | 🔵 舒新城等主編現代綜合性百科辭典《辭海》由中華書局出版。 |

1936　民國 25　🔵 商務印書館開始出版王雲五等主編的《中國文化史叢書》，陸續出版了 40 種。

1936　民國 25　🔵 周貽白《中國戲劇史略》出版，為中國第一部戲劇史專著。

1936　民國 25　🔵 學者章炳麟卒（1869 —）。早年從事文字音韻訓詁研究。後投入反清、倒袁政治活動。著有《訄書》等反映他的哲學思想。

章炳麟紀念郵票

1936　民國 25　🔵 武術家楊兆清卒（1883 —）。字澄甫，河北永年（今河北南部）人。楊式太極拳創始人。曾任中央國術館武當門長等職。

1937　民國 26　🔵 中共抗日紅軍大學（前身為紅軍大學）改名為中國人民抗日軍事政治大學。林彪、徐向前先後任校長。培養了上萬名軍政幹部。

1937　民國 26　🔵 中共 1931 年創辦的《紅色中華》報改名為《新中華報》，改油印為鉛印。紅色中華社改名為新華通訊社，博古任社長。

1937　民國 26　🔵 中央研究院歷史語言研究所在安陽殷墟發掘，出土甲骨 1800 餘片，編為《殷墟文字乙編》。

1937　民國 26　🔵 7 月 7 日，日本軍隊在北平（今北京）西南宛平縣盧溝橋挑起事端，對中國發動軍事進攻，中國駐軍頑強抵抗。日本對華的侵略戰爭全面爆發。

1937　民國 26　🔵 由郭沫若任社長、茅盾等人為編委的《救亡日報》在上海創刊。

1937　民國 26　🔵 由《文學》、《文季》、《中流》、《譯文》四雜誌合編的《吶喊》在上海創刊，主編為巴金、茅盾，積極宣傳抗戰。第二期後改名《烽火》。

1937　民國 26　🔵 由《世界知識》、《婦女生活》、《中華公論》、《國民月刊》合編的《戰時聯合旬刊》在上海創刊。

1937　民國 26　🔵 胡風主編的《七月》半月刊創刊，主要以新詩抨擊國民黨統治。艾青、田間、綠原等皆為主要投稿人，以後被稱為七月詩派。

1937　民國 26　🔵 因抗戰爆發，原北京大學、清華大學、南開大學南下至長沙，聯合成立國立長沙臨時大學。

1937　民國 26　🔵 日本在上海成立新聞檢查所，強迫各報接受檢查。《申報》、《大公報》、《時事新報》、《國聞週報》為抗拒檢查，自行停刊。不久，以上三報又在漢口、重慶、香港等地復刊。

1937	民國 26	🌐	日軍攻佔南京，屠殺中國人 30 萬，釀成南京大屠殺慘案。
1937	民國 26	文	羅爾綱著《太平天國史綱》出版，為最早全面研究太平天國歷史的專著。
1937	民國 26	美	中國全國美術會成立，由張道藩任理事長，徐悲鴻、傅抱石等人為理事。
1937	民國 26	劇	周信芳在上海組織移風社，創立京劇麒派藝術風格。
1938	民國 27	文	《文匯報》在上海創刊，由徐鑄成主筆。因宣傳抗日，次年被迫停刊。1945 年 8 月復刊。
1938	民國 27	文	中華全國文藝界抗敵協會 3 月在漢口成立。郭沫若、茅盾等 45 人為理事，周恩來、于右任等為名譽理事，老舍為總務部主任。9 月，協會總會遷往重慶。
1938	民國 27	教	國立長沙臨時大學繼續南遷至昆明，改名為國立西南聯合大學。
1938	民國 27	教	魯迅藝術學院在延安成立，吳玉章任院長。
1938	民國 27	文	茅盾、樓適夷等主編的抗戰文藝刊物《文藝陣地》半月刊在廣州創刊。
1938	民國 27	🌐	加拿大醫生白求恩（Henry Norman Bethune）率醫療隊經延安赴晉察冀邊區。1939 年 11 月 12 日在河北完縣（今河北中部）因感染卒。毛澤東作《紀念白求恩》。
1938	民國 27	文	上海復社編《魯迅全集》開始預約發售。
1938	民國 27	思	毛澤東著成《論持久戰》，全面論述抗日戰爭的戰略戰術。
1938	民國 27	📖	國民政府頒佈《戰時圖書雜誌原稿審查辦法》、《抗戰期間圖書雜誌審查標準》等法令。商務、開明、世界等二十多家出版社要求撤銷這些法令，未被接受。
1938	民國 27	劇	于伶、阿英在成立上海劇藝社，演出《夜上海》、《上海屋簷下》等劇。
1938	民國 27	文	《抗戰》季刊和《全民》週刊合併為《全民抗戰》，在漢口創刊，鄒韜奮等任主編。
1938	民國 27	思	第一部《資本論》中文全譯本由郭大力、王亞南譯出並出版。
1938	民國 27	🌐	中國國際新聞社在長沙成立，社長胡愈之。
1938	民國 27	樂	中華全國音樂界抗敵協會在重慶成立。
1938	民國 27	文	胡秋原撰文《中國文化復興論》，主張工業救國，反對在中國推行馬克思主義。
1938	民國 27	影	中國電影製片廠拍成《八百壯士》、《熱血忠魂》、《保衛我們的土地》等故事影片。
1938	民國 27	影	延安電影團成立，為中共第一個電影機構。曾拍攝《延安與八路軍》等新聞紀錄片。

左側直書：

民
國
時
期

1912—1949

1938	民國 27	🎬	上海"孤島"新華影業公司將曹禺同名劇本《日出》、《雷雨》拍成電影。
1938	民國 27	👤	鄭孝胥卒（1860 —）。清末鼓動君主立憲，後以遺老追隨溥儀，任日本人扶持的偽滿洲國總理。亦擅書法、詩作。
1939	民國 28	🏛	國民政府成立中央文化管理委員會，專門審查圖書的出版、流傳並有查禁之權。抗戰勝利後撤銷。
1939	民國 28	🏛	中共領導下的圖書出版、印刷、發行機構新華書店在延安成立。
1939	民國 28	🎵	冼星海作曲、光未然作詞的《黃河大合唱》問世，並在延安演出。
1939	民國 28	👤	學者錢玄同卒（1887 —）。參加新文化運動，提倡文字改革。著有《文字學音篇》等。
1940	民國 29	📄	延安《中國文化》創刊號刊出毛澤東《新民主主義論》，全面論述中國新民主主義革命。
1940	民國 29	🏛	國民政府批准拉木登珠繼任第十四世達賴喇嘛，並派吳忠信代表中央政府前往拉薩主持其坐牀典禮。
1940	民國 29	📄	林同濟、雷海宗等在昆明創辦《戰國策》半月刊，明年又在重慶《大公報》編輯《戰國》副刊。
1940	民國 29	📖	金人翻譯蘇聯肖洛霍夫長篇小說《靜靜的頓河》出版。
1940	民國 29	📻	年底，延安新華廣播電台開始播音。1943 年停播。
1940	民國 29	👤	教育家蔡元培卒（1868 —）。支援新文化運動，主張新舊思想"相容並包"和"科學救國"等。在中國教育界、思想界具有深遠影響。

蔡元培像

1941	民國 30	🏛	延安原《新中華報》和原《今日新聞》合併為《解放日報》，於 5 月 16 日創刊。博古任社長。
1941	民國 30	📄	錢穆先後發表《東西文化之再探討》、《中國文化與中國青年》等文，認為中國在吸收印度、阿拉伯文化之後，正面臨與歐美文化的碰撞。
1941	民國 30	🏛	中國民主政團同盟在重慶成立。主席為黃炎培。機關報《光明報》在香港創刊。
1941	民國 30	🎓	由陝北公學、中國女子大學等校合併，正式成立延安大學。1944 年，魯迅藝術學院等校也併入。
1941	民國 30	🏛	第一屆獎勵著作發明評獎活動評出一等獎兩名：哲學類為馮友蘭著《新理學》；自然科學類為華羅庚著《堆壘素數論》。

民
國
時
期

1912
—
1949

1941	民國 30	🎭 中華劇藝社在重慶成立，由應雲衛、陳鯉庭、陳白塵等主持。上演戲劇《屈原》、《法西斯細菌》、《升官圖》等。
1941	民國 30	🧑 作家許地山卒（1893 —）。筆名落華生，生於台灣台南。對印度文化頗有研究，曾在北京大學、清華大學等校任教。有短篇小說集《綴網勞蛛》、散文集《空山靈雨》等，並有《印度文學》等著作。
1942	民國 31	⊕ 5 月，延安召開文藝座談會。毛澤東發言，強調文藝的階級性，即《在延安文藝座談會上的講話》。此文的論點主宰以後中共的文藝政策多年。
1942	民國 31	⊕ 華北作家協會成立。周作人任評議會主席。
1942	民國 31	⊞ 第二屆獎勵著作發明評獎活動評出一等獎四名：自然科學類三名，蘇步青《曲線射新概論》、周培源《激流論》、吳大猷《多元分子振動光譜與結構》；美術類為呂鳳子《四阿羅漢》。
1942	民國 31	🅵 新華出版社出版范文瀾《中國通史簡編》。
1942	民國 31	🎭 中國藝術劇社在重慶成立。由夏衍、于伶等主持。演出戲劇《祖國在召喚》、《歲寒圖》、《家》等。
1942	民國 31	🧑 陳獨秀卒（1880 —）。新文化運動的倡導者之一。曾任中國共產黨總書記。1929 年被開除出黨。 陳獨秀像
1942	民國 31	🎨 中國美術學院在重慶成立。徐悲鴻任院長。
1942	民國 31	🧑 女作家蕭紅卒（1911 —）。原名張乃瑩。著有長篇小說《呼蘭河傳》及其他中、短篇小說。
1942	民國 31	🧑 學者李叔同卒（1884 —）。曾與歐陽予倩等創立話劇組織"春柳社"，與柳亞子等創辦文美會。1918 年出家為僧。遺著多為佛學及書法作品。
1942	民國 31	🧑 京韻大鼓演員劉寶全卒（1869 —）。河北深縣（今河北中部）人。吸取京劇、梆子戲等演唱方法發展大鼓表演藝術，創出"劉派"風格。與京劇譚鑫培、評書雙厚坪並稱"藝壇三絕"。
1942	民國 31	🧑 武術家吳鑒泉卒（1870 —）。直隸大興人。吳氏太極拳創始人。
1942	民國 31	⊞ 12 月太平洋戰爭爆發。原本收藏在美國人所辦北京協和醫院的"北京人"頭蓋骨化石，在裝箱運往秦皇島美國郵輪過程中丟失。

民
國
時
期

1912 — 1949

| 1943 | 民國 32 | 文 | 趙樹理短篇小説集《小二黑結婚》和中篇小説《李有才板話》相繼出版。 |

| 1943 | 民國 32 | | 延安平劇研究院集體創作的《逼上梁山》(楊紹萱、齊燕銘執筆)首演。 |

| 1943 | 民國 32 | | 第三屆獎勵著作發明評獎活動評出一等獎七名:哲學類為湯用彤《漢魏兩晉南北朝佛教史》;社會科學類為陳寅恪《唐代政治史述論稿》和劉節《中國古代宗族移植史論》;自然科學類為陳建功《富里級數之蔡荼羅絕對可和性論》、楊鍾健《許氏祿豐龍》、吳定良《人類學論文集》;應用科學類為杜公振等著《瘴病之研究》。 |

| 1943 | 民國 32 | | 翻譯家伍光建卒(1866 —)。留學英國。回國後致力於翻譯西方文學、歷史、哲學著作 130 餘種。 |

| 1943 | 民國 32 | | 評劇女演員白玉霜卒(1907 —)。原名李桂珍,河北灤縣人。發展了評劇表演藝術,創立"白派"風格,被譽為"評劇皇后"。 |

| 1944 | 民國 33 | 文 | 《新華日報》分期發表郭沫若《甲申三百年祭》。論述明王朝滅亡的必然性,總結李自成農民起義軍失敗的教訓。此文遭批駁,而在延安,則作為整風文件學習。 |

| 1944 | 民國 33 | 文 | 《抗戰文藝》刊出"老舍先生創作生活二十年紀念文選輯"。 |

| 1944 | 民國 33 | | 第四屆獎勵著作發明評獎活動評出一等獎二名:古代經籍研究類為勞幹《居延漢簡考釋》;應用科學類為林致平《多孔長條之應力分析》。 |

| 1944 | 民國 33 | 文 | 彝族長篇神話史詩《阿細的先基》經張光年搜集整理出版。 |

| 1944 | 民國 33 | | 中國教育學術團體聯合會在重慶成立。 |

| 1944 | 民國 33 | | 鄒韜奮卒(1895 —)。傑出出版人,曾任《生活》週刊、《抗戰》雜誌等主編。 |

| 1945 | 民國 34 | | 胡風主編抗戰刊物《希望》月刊在重慶創刊。以發表詩歌為主。 |

| 1945 | 民國 34 | | 賀敬之、丁毅作詞作劇,馬可、張魯、瞿維作曲的歌劇《白毛女》在延安演出。 |

| 1945 | 民國 34 | 文 | 《新華日報》為紀念茅盾五十壽辰及創作活動二十五週年出版專刊。 |

| 1945 | 民國 34 | | 8 月 15 日,日本無條件投降,抗日戰爭勝利。 |

| 1945 | 民國 34 | | 文學家郁達夫在印度尼西亞被日本憲兵殺害。郁達夫(1896 —),著名小説家、詩人,代表作有小説集《沉淪》等。 |

| 1945 | 民國 34 | 科 | 中國土壤學會成立。黃瑞采為理事長。 |

| 1945 | 民國 34 | | 中國民主建國會在重慶成立。主要由工商業者組成。黃炎培、胡厥文等當選常務理事。 |

| 1945 | 民國 34 | | 中國民主促進會在上海成立。主要由中小學教育界和文化出版界知識分子組成。馬敍倫、周建人等當選為理事。 |

	1945	民國 34	♪ 音樂家冼星海卒 (1905 —)。以廣泛的題材和體裁,表現了中國人民的抗日救國鬥爭。著名作品有《黃河大合唱》、歌曲《在太行山上》及交響組曲《滿江紅》等。
	1946	民國 35	⊕ 聯合國大會決定,中文為聯合國五種正式語言之一。
	1946	民國 35	⊗ 《文藝復興》雜誌連載錢鍾書長篇小說《圍城》。
	1946	民國 35	⊕ 九三學社在重慶成立。主要由文教、科技界知識分子組成。許德珩等當選為理事。
	1946	民國 35	⊗ 為紀念莎士比亞逝世 330 週年,文化合作公司出版曹未風譯《莎士比亞全集》。
	1946	民國 35	⊕ 6 月,西南聯大結束,北大、清華、南開三校北上,於秋季分別在平津復校開學。
	1946	民國 35	⊗ 7 月,李公樸、聞一多相繼被暗殺。
	1946	民國 35	⊗ 《觀察》雜誌在上海創刊。儲安平為主編。1948 年底被查禁。
	1946	民國 35	⊗ 孫犁短篇小說集《荷花淀》出版。
民國時期	1946	民國 35	⊗ 李季敘事長詩《王貴與李香香》出版。
	1946	民國 35	⊗ 袁水拍的諷刺詩集《馬凡陀山歌》出版。
1912	1946	民國 35	⊗ 陳夢家編成《海外中國銅器目錄》出版。
──	1946	民國 35	♪ 教育家陶行知卒 (1891 —)。一生致力於發展中國教育,促進知識大眾化,並參與編輯一些教育雜誌和叢書。
1949	1946	民國 35	♪ 作曲家張寒暉卒 (1902 —)。河北定縣人。作有歌曲《松花江上》、《去當兵》等廣為流傳。
	1947	民國 36	⊕ 中國農工民主黨在上海成立 (前身為中華民族解放行動委員會)。主要由醫藥衛生界和文教界的知識分子組成。選舉章伯鈞為中常會主席。
	1947	民國 36	⊕ 劇作家田漢、陽翰笙等九人為文化界募集資金,集體創作話劇《文化春秋》。
	1947	民國 36	⊕ 張樂平連環漫畫《三毛流浪記》在上海《大公報》連載,至 1948年底載完。
	1947	民國 36	⊛ 中國地球物理學會在上海成立。明年趙九章被推舉為理事長。
	1947	民國 36	⊗ 《華商報》連載黃谷柳長篇小說《蝦球傳》。
	1947	民國 36	⊕ 第六屆獎勵著作發明評獎活動評出一等獎一名,為自然科學類王福春《三角級數之收斂理論》。
	1947	民國 36	♪ 翻譯家耿濟之卒 (1899 —)。曾翻譯俄國著名作家普希金、托爾斯泰等人著作數十種,著有《俄國四大文學家》。
	1947	民國 36	♪ 學者胡樸安卒 (1879 —)。曾任《民報》社長、新中國文學院院長等職。對經學、文字學等皆有研究。
	1947	民國 36	♪ 作曲家麥新卒 (1914 —)。姓孫,生於上海。作有《大刀進行曲》等廣為流傳。

1948	民國 37	⊕	由何香凝、馮玉祥等領導的中國國民黨革命委員會在香港成立。
1948	民國 37	⊕	《人民日報》在石家莊創刊。
1948	民國 37	教	華北聯大與北方大學合併,成立華北大學,吳玉章任校長。
1948	民國 37	文	茅盾、巴金等在香港創辦《小說》月刊。
1948	民國 37	文	丁玲長篇小說《太陽照在桑乾河上》出版。
1948	民國 37	文	周立波長篇小說《暴風驟雨》出版。
1948	民國 37	人	學者朱自清卒(1898 —)。其散文《背影》、《荷塘月色》皆著稱於世。有散文集及文藝論著傳世。
1949	民國 38	文	《人民日報》連載袁靜、孔厥的長篇小說《新兒女英雄傳》。
1949	民國 38	⊕	中國民主同盟在北平創刊《光明日報》。
1949	民國 38	⊕	中華全國文學藝術工作者聯合會成立。郭沫若當選主席。
1949	民國 38	文	理論學習雜誌《學習》月刊在北平創刊。
1949	民國 38	文	文藝理論刊物《文藝報》在北平創刊。
1949		⊕	10 月 1 日,中華人民共和國中央人民政府成立。

後　記

　　本書在本世紀初已初具規模，自開始撰寫至今日出版算來已十二載有餘。當初我因教學和寫作任務都很重，為了讓本書盡快問世，遂請我的侄子許祖貽撰寫了隋唐部分。他也是大學的教授，教學科研擔子亦不輕，在寫作中付出了相當的辛勞。不料 2001 年底，他因病突然去世，令我十分悲痛！本書的出版也表達了我對賢侄的深切懷念。

　　本書雖然拖延這麼久才問世，但也有好處。這使我能夠比較從容地不斷地做修改和充實，特別是國家級的多學科綜合科研項目《中華文明探源》工程自本世紀初開展以來，取得了許多令世人振奮的輝煌成就，為本書提供了極為重要的考古新資料，使得本書在中華民族遠古文明的介紹中得以反映最新考古成果和立於科研前沿。例如中華大地上最早有人類生存的時間，從過去所說的 170 萬年前雲南元謀人提前至 200 萬年前的四川巫山人和安徽繁昌人；突破了"黃河是中華民族搖籃"的傳統認識，展示出中華民族是由黃河流域、長江流域以及遼河流域的中、南、北各地文明共同整合而形成和發展的等等。

　　我希望本書能夠在中華民族復興之路上為讀者提供更多、更新的啟示。

許樹安